Roadtrips

Dänemark und Südschweden

von Axel Pinck

QR-CODES IM BUCH

Über die QR-Codes in diesem Buch bekommen Sie stets aktuelle Inhalte, spannende Zusatz-Informationen und die Möglichkeit zur Navigation vor Ort. Bitte installieren Sie für die Nutzung der QR-Codes die kostenlose ADAC Trips App auf Ihrem Mobiltelefon. Weitere Informationen siehe Seite 9.

Dänemark und Südschweden

IN DER WELT DER SCHÄREN
ab S. 86

Etappe 1
Göteborg – Fjällbacka

Etappe 2
Fjällbacka – Uddevalla

Etappe 3
Uddevalla – Göteborg

HOCH IN DEN NORDEN
ab S. 30

Etappe 1
Tønder – Ringkøbing

Etappe 2
Ringkøbing – Aarhus

Etappe 3
Aarhus – Göteborg

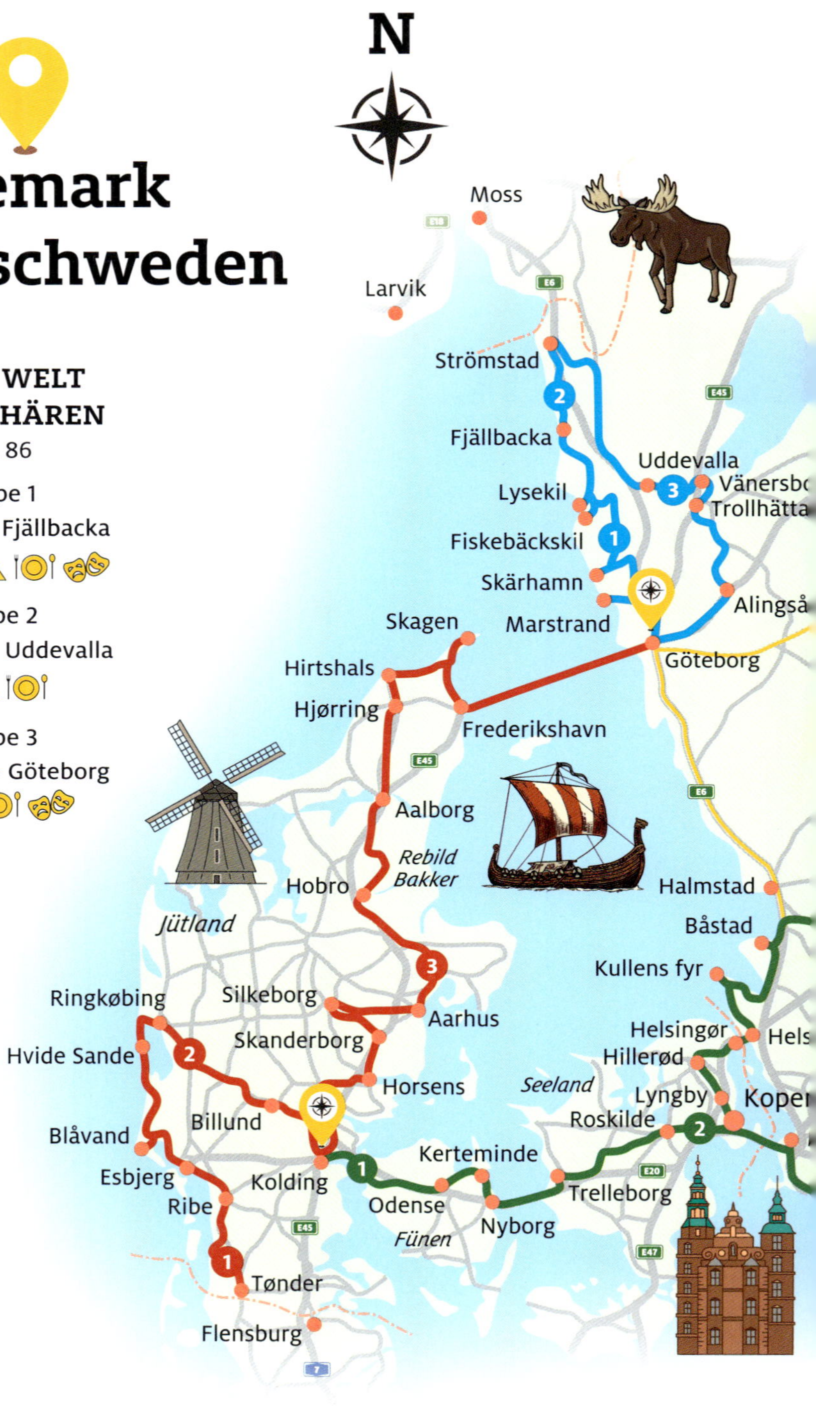

UMSTEIGEPUNKTE
Übergangsmöglichkeiten zu anderen Touren und Etappen

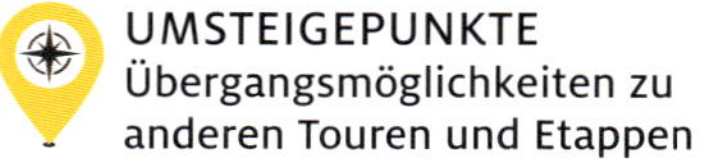

SCHAUPLATZ SCHWEDEN

ab S. 112

Etappe 1
Oskarshamn – Eksjö

Etappe 2
Eksjö – Norrköping

Etappe 3
Norrköping – Stockholm

SOMMERINSELN IN DER SEE ab S. 138

Etappe 1
Stockholm – Visby

Etappe 2
Visby – Kosta

Etappe 3
Kosta – Karlshamn

INSELHOPPING ÜBER GRENZEN ab S. 56

Etappe 1
Kolding – Roskilde

Etappe 2
Roskilde – Karlshamn

Etappe 3
Karslshamn – Kopenhagen

Siehe Seite 67

In majestätischer Eleganz überspannt die Öresundbrücke die Meerenge zwischen Dänemark und Schweden.

Inhalt

Es geht los!

Unterwegs

In der Welt der Schären

Schauplatz Schweden

Sommerinseln in der See

Gut zu wissen

Siehe Seite 135

Der Schärengarten vor Stockholm umfasst unzählige Inseln und Eilande.

Einfach losfahren!

Alles rund um Ihre individuelle Traumtour

Die in diesem Band vorgeschlagenen Routen führen durchweg über landschaftlich schöne Straßen, häufig mit spektakulären Ausblicken. Fahrerisch sind sie manchmal spannend.

Achtung: Die hier vorgeschlagenen Touren sind für Pkw oder Motorrad konzipiert. Große Wohnmobile oder besonders hoch gebaute Vans können nicht überall fahren. Auf kleineren Straßen kann es zu Schlaglöchern oder unebenen Fahrbahnteilen kommen. Es gilt also, mit Ruhe und Genuss die Region zu erfahren: Genießen Sie jeden Moment des Unterwegsseins!

Mit der Navigation in der ADAC Trips App können Sie die Tour exakt abfahren. Sollten Sie im Vorfeld die Route planen wollen, z. B. für spezielle Fahrzeugtypen, empfehlen wir unseren Routenplaner unter maps.adac.de.

UMSTEIGEPUNKT
GÖTEBORG

Sehenswertes in der Umgebung

IHR WEGWEISER: UMSTEIGEPUNKTE
Jede Tour in diesem Band besteht aus mehreren Etappen. Etappen und ganze Touren lassen sich mittels Querverbindungen kombinieren, abkürzen oder variieren. Dazu dienen besonders die Umsteigepunkte. Alle Umsteigepunkte sind auch reizvolle Orte für ein festes Standquartier.

Diesen QR-Code finden Sie bei jedem Umsteigepunkt. Er führt Sie direkt zu einer Umkreissuche in der ADAC Trips App, hier können Sie die umliegenden Sehenswürdigkeiten und Orte nach Ihren Wünschen sortieren und den Radius festlegen, in dem Sie weitere spannende Entdeckungen finden.

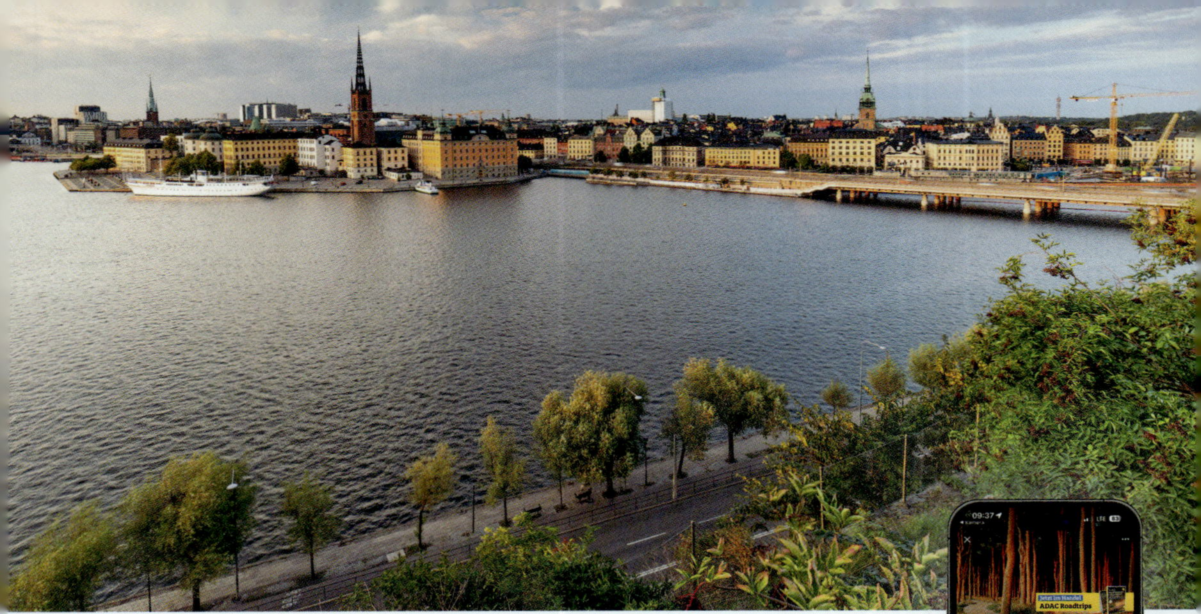

Blick auf das Zentrum der schwedischen Hauptstadt Stockholm

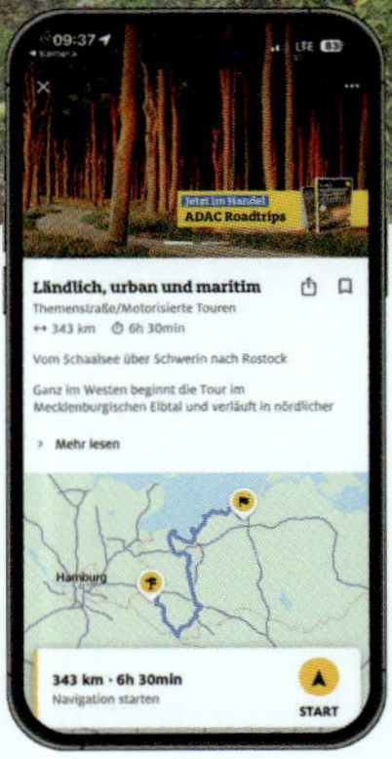

DOWNLOAD DER ADAC TRIPS APP

Einfach mit der Handy-Kamera einscannen: Mit diesem Code können Sie für Ihr Handy-Betriebssystem (iOS oder Android) die für die Nutzung der QR-Codes notwendige, kostenlose ADAC Trips App herunterladen.

IHR GANZ PERSÖNLICHER ROADTRIP

Jede Etappe hat einen eigenen Schwerpunkt: Wasser, Kulinarik, Kultur oder Natur. Gestalten Sie Ihren ganz persönlichen Roadtrip!

IMMER GUT GEPLANT: NAVIGATION UND GPX-DATEN

Diesen QR-Code finden Sie zu Beginn jeder Tour. Der Scan erlaubt Ihnen die Navigation vor Ort direkt über ADAC Trips App – oder Sie laden sich die GPX-Daten für die Routenführung zu jeder Tour auf Ihr eigenes Navigationsgerät.

REISE-ERLEBNISSE IN DER APP

Überall im Buch, wo Sie diesen QR-Codes neben dem Text sehen, führt Sie der Scan direkt zu allen Details der beschriebenen Sehenswürdigkeit – mit laufend aktualisierten Details und Informationen.

Erlebniswelten Dänemark und Südschweden

Küsten, Natur pur und idyllische Städte

Herrliche, verschwenderisch lange Strände, ein Labyrinth an Abertausenden Inseln und Inselchen entlang der Küste, weite Wälder und klare, frische Seen – lassen Sie sich vom Zauber der Landschaften Dänemarks und Südschwedens gefangen nehmen. Unterwegs können Sie die Welt der Wikinger entdecken, historische Stätten besuchen und in die wunderbare Welt von Märchen und Geschichten eintauchen, aber auch alte Handwerkskunst erleben und kulinarische Bestleistungen genießen. Nicht zu vergessen die für ihre Weltoffenheit und entspannte Lebensart geschätzten skandinavischen Städte, allen voran die Metropolen Kopenhagen und Stockholm mit ihren reichen Kulturschätzen. Worauf also noch warten? Los geht's!

Herrliche feine Sandstrände säumen die Nordseeküste Jütlands in Dänemark.

Seen, Inseln und viel Meer

Tausende Seen und mehr als 10 000 Kilometer Meeresküste

In Dänemark ist man nirgendwo mehr als 50 km von der rund 7300 km langen Küstenlinie entlang der Ost- und Nordsee entfernt. Und die endlos lange Meeresküste Schwedens ist dazu noch mit Zehntausenden von Inseln gesprenkelt. Allein der Stockholmer Schärengarten umfasst mehr als 30 000 Inseln und Inselchen. Schweden, das ist auch das Land der 100 000 Seen. Ganz genau sollen es 96 000 sein.

STRANDPARADIESE

Die endlosen, von sandigen Dünen gesäumten Strände Dänemarks ziehen viele Urlauber magisch an. Was für ein prickelnder Genuss, sich in die Brecher der Nordsee zu stürzen oder ein Bad in der meist ruhigeren Ostsee zu nehmen. Auch in Schweden ist selbst im Sommer an den Stränden und der Felsenküste genügend Platz zum Sonnen oder für ein erfrischendes Bad, zum Segeln, Surfen oder Tauchen. Allein in Dänemark weht an über 200 Stränden die »Blaue Flagge«, ein internationales Gütesiegel für nachhaltigen Tourismus und vorzügliche Wasserqualität. In Dänemark müssen zudem nirgends Kurtaxe oder andere Eintrittspreise für die Strände bezahlt werden. An einigen Orten wie am **Kjul-Strand** bei Hirtshals (Tour 1, S. 51) darf man das Auto sogar bis an den Strand mitnehmen, um etwa Angelzubehör, Surfbretter oder Sonnenschirme zu transportieren.

Und wer sich bei sommerlicher Hitze in Kopenhagen, Stockholm, Göteborg und Malmö in offenem Wasser erfrischen will, ist nicht auf die Dusche im Hotelzimmer angewiesen. In allen vier Städten sind öffentliche Badestellen eingerichtet, mit sehr guter und überwachter Wasserqualität.

WELTNATURERBE UND SEENLAND

Das **Wattenmeer** an der dänischen Westküste südlich von Esbjerg (Tour 1, S. 35) zählt zum UNESCO-Weltnaturerbe. Geführte Wanderungen bei Ebbe geben Einblick in die faszinierende Welt des einmaligen Ökosystems mit Tausenden Pflanzen- und Tier-

Ganz im Norden des Ringkøbing-Fjords führt nahe Søndervig ein alter Dammweg (für Fußgänger und Radfahrer) malerisch übers Wasser.

arten, von denen Zugvögel wie Gänse, dazu Seehunde und Schweinswale am augenfälligsten sind.
Tief eingeschnittene Fjorde reichen entlang der Ostseeküste wie bei **Vejle, Horsens** oder **Hobro** (Tour 1, S. 43, S. 46 und S. 49) ins Land. Hinzu kommen idyllische Seenlandschaften, die bei ausländischen Urlaubern weniger bekannt, aber eine Entdeckung wert sind, allen voran der dänische »Lake District« **Søhøjlandet** rund um Silkeborg (Tour 1, S. 47). Hier, wie auch an zahllosen anderen fischreichen Seen, schlagen Anglerherzen höher; einzige Voraussetzung ist der Erwerb eines (günstigen) dänischen Angelscheins.

SCHWEDENS WEITE SEEN

Die riesigen Seen **Vänern** (Tour 3, S. 104 und S. 106), **Vättern** und **Mälaren** (Tour 4, S. 124 und S. 129) kennzeichnen neben zahllosen weiteren Gewässern die von der letzten Eiszeit geformte Landschaft im Süden Schwedens. Nach dem Abschmelzen der gewaltigen Gletscher entstanden die vielen Flüsse und Seen, die in ihrer Gesamtheit heute gut zehn Prozent der Landesfläche bedecken. Natürlich finden Angler auch hier traumhafte Bedingungen und können nach Hecht, Barsch und Zander fischen – an den großen genannten Seen sogar ohne Angelkarte und kostenlos.

Siehe Seite 72

Nur ein paar Kilometer vom Meer entfernt erstreckt sich die sanft gewellte Hügellandschaft von Brösarps Backar im Südosten Schwedens.

40

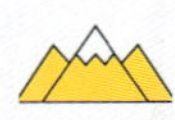

Erbe der Eiszeit

Von der Last der Gletscher befreit, erhebt sich die Erde noch immer

Ebene Marschlandschaften hinter sandiger Nordseeküste im Westen von Dänemark, hügelige, teils bewaldete Moränen auf Fünen. Dazu große Inseln wie Seeland mit der dänischen Hauptstadt Kopenhagen zwischen dem jütländischen Festland und dem schwedischen Süden der großen skandinavischen Halbinsel. Deren Seen und Hügel sind wie alle anderen Landschaften in Dänemark und Südschweden von der letzten Eiszeit geprägt.

HINTERLASSENSCHAFTEN EINER SCHWEREN LAST

Die letzte Eiszeit ist seit 10 000 Jahren Geschichte, aber die einst kilometerdicken Gletscherströme haben die Landschaft bis heute geformt. Sie schoben gewaltige Mengen an Gesteinsmaterial aus Skandinavien weit nach Süden, feines Sediment und sogar einige tausend Tonnen schwere, Findlinge genannte Felsblöcke. Dabei

Sichtbare Zeugnisse der Gletschergewalt an der schwedischen Kattegatküste nahe Båstad

Weit reicht der Blick vom Møllehøj, dem höchsten »Berg« Dänemarks, über die flache Landschaft.

hobelten die gewaltigen Gletscher ganze Hügel ab und schürften Täler aus, von denen sich einige, die heutigen Seen, mit Wasser füllten. Vom Eise befreit, erhebt sich Schweden noch immer bis zu einem Zentimeter im Jahr.

GROSSE WEITEN UND KLEINE HÖHEN

Auf der Fahrt von Deutschland über die Grenze nach Dänemark bleibt die Landschaft zunächst vertraut. Sie ähnelt, wie auch im südschwedischen Schonen, mit ihren Äckern und Weiden der norddeutschen Tiefebene. Im Nordosten Jütlands ändert sich das Bild. Nicht weit von Skanderborg ragt der exakt 170,86 m hohe **Møllehøj** als höchste natürliche Erhebung Dänemarks auf, im Westen der niedrigere **Himmelbjerget** (Tour 1, S. 47), auch **Fünen** (Tour 2, S. 58) ist hügeliger, ebenso das Südschwedische Hochland, das sich größtenteil über **Småland** erstreckt (Tour 4, ab S. 114 und Tour 5, ab S. 148).
In den grünen Laubwäldern, den Hochmooren, Heide-, Dünen- und Marschlandschaften in Südschweden und Dänemark leben mehrere Hundert Vogel- und Dutzende Schmetterlingsarten, sind Rotwild, Dachse und Waschbären zu Hause. Auf der Autofahrt durch Südschweden wird man mit etwas Glück sogar den einen oder anderen Elch erspähen können.

GOBOAT

Siehe Seite 66
Kopenhagen liegt am Öresund. Klar, dass sich hier bei schönem Wetter das Leben draußen am Wasser abspielt.

Hotdog und Nordic Cuisine

Höhenflüge mit traditionellen Produkten und Rezepten

Ein *pølsevogn*, ein Stand, der Hotdogs mit gerösteten Zwiebeln und Gurken verkauft, ist auf Marktplätzen auch kleinerer dänischer Städte nicht wegzudenken. *Stegt flæsk med persillesovs*, kross gebratener Schweinebauch mit Petersilienkartoffeln, wiederum darf als das dänische Nationalgericht gelten. In Schweden gebührt dieser Platz *köttbullar*, Fleischklößchen, typischerweise mit Kartoffelpüree serviert. Doch die Küche beider Länder kann noch viel mehr, wie die Fülle internationaler Auszeichnungen für die neue nordische Küche belegt.

ALLES FRISCH AUS DEM MEER

In den Gewässern rund um die dänische Kattegatinsel **Læsø** (Tour 1, S. 54) werden die besten nordischen Langusten gefangen, die auf Deutsch Kaisergranat heißen. **Fiskebäckskil** (Tour 3, S. 92), etwas weiter im Nordosten, gehört zu den bekanntesten schwedischen Hummerhäfen an der Westküste des Landes. Frischer und wohlschmeckender zubereitet als hier wird man die Krustentiere wohl kaum irgendwo bekommen. Direkt vom Kutter oder in den Verkaufsstellen am Hafen – auch für Kabeljau, Schollen, Makrelen oder Heringe, die gleich im Ferienhaus zubereitet werden können, sind das die besten Einkaufsadressen.

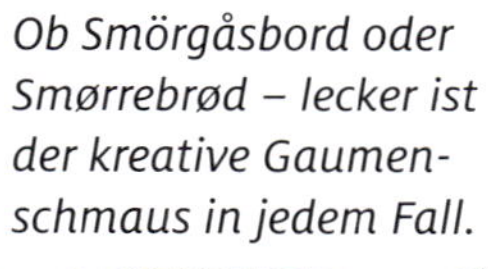

Ob Smörgåsbord oder Smørrebrød – lecker ist der kreative Gaumenschmaus in jedem Fall.

BUTTERBROTE ZUM VERLIEBEN

»Smörgåsbord« nennen die Schweden ein Büfett, das bei Feierlichkeiten aller Art das Wasser im Munde zusammenlaufen lässt. Üppig belegte Brote kommen auf den Tisch, Burger mit gebratenem Fischfilet, auch gegrillter grüner Spargel, Flusskrebse und andere kleine Leckereien. Das Pendant in Dänemark nennt sich »Smørrebrød«. Beim Belag für das dänisches »Butterbrot« sind der Fantasie kaum Grenzen gesetzt. Auf einer mehr oder weniger dünnen Roggenbrotscheibe können sich Roastbeef, Tiefseekrabben, gekochte Eier, Remoulade, Avocado und Hering oder sogar Hummer und Kaviar in vielen Variationen türmen. Die Brote werden übrigens stets mit Messer und Gabel gegessen. Moderne Restaurants, wie das Selma in Kopenhagen, schaffen wahre Kunstwerke, die ihnen sogar zu internationalem Ruhm verholfen haben.

Auf Gemütlichkeit müssen Dänen auch im Gartenlokal, wie hier im Kopenhagener Tivoli, nicht verzichten.

NORDIC CUISINE – SKANDINAVISCHE GOURMETKÜCHE

Seit einigen Jahren macht die sogenannte neue nordische Küche von sich reden. Spitzenrestaurants wie das Geranium in Kopenhagen oder das Vyn im südschwedischen **Simrishamn** (Tour 2, S. 72) entdecken die Kochtraditionen und lokale Zutaten neu und kombinieren sie oft auf überraschende und überaus schmackhafte Weise. Es geht ihnen nicht in erster Linie darum, Gerichte mit exotische Zutaten zu kreieren, die um die halbe Welt nach Skandinavien geflogen werden müssen, auch wenn sie zuweilen mit asiatischen Gewürzen unerwartete Genusseffekte erzielen.

SÜSSE VERFÜHRUNGEN

»Fika« heißt in Schweden die gemütliche kulinarische Pause, mit Kaffee und Kuchen oder einem anderen Snack, die aus dem schwedischen Alltag nicht wegzudenken ist. Ein beliebtes Gebäck dazu sind *kanelbullar,* die schwedischen, mit Hagelzucker bestreuten Zimtschnecken, die mit dem 4. Oktober sogar ein eigenes Fest im Kalender haben. Zimtschnecken sind auch in Dänemark überaus populär, ebenso wie *wienerbrød,* das in Deutschland als Kopenhagener oder Plundergebäck bekannt ist, und andere süße Blätterteigkreationen, die in jeder Bäckerei zu finden sind.

Geraubte Schätze und innovative Ideen

Von frühen Kunstsammlern zu Designern der Extraklasse

Weit mehr als nur Horden plündernder Seefahrer waren die Wikinger auch ein kunstsinniges Volk, das zum kulturellen Austausch weit über die Grenzen ihres Siedlungsgebiets beitrug. Heute ist es vor allem das kreative Design, das durch seine klaren, eleganten Formen als Markenzeichen dänischer und schwedischer Gestaltungskunst gilt.

Lange Jahre zogen von den heutigen Musterdemokratien formschöne schnelle Drachenboote mit kampfesfreudigen Kriegern übers Meer, um Schätze in fremden Ländern zu rauben, dort Niederlassungen zu errichten oder Handel zu treiben. Goldene Kreuze und Schmuck brachten sie als Beute nach Hause, dazu Gefangene, die ein Leben als Sklaven erwartete. In Wikingerburgen, wie **Fyrkat** bei Hobro (Tour 1, S. 49) oder **Trelleborg** (Tour 2, S. 64) auf Seeland, sind Ringwälle und Holzhäuser rekonstruiert. Im **Wikingerschiffsmuseum** (Tour 2, S. 65) am Roskilde-Fjord lassen sich alte Drachenboote bestaunen. Auf der Insel **Björkö** (Tour 4, S. 133) im Mälaren gleich westlich von Stockholm wurden arabischer Silberschmuck und Glaskelche aus dem Frankenreich gefunden, Zeugen eines früheren Handels- und Kultzentrums der Wikinger. Später rangen die beiden Königreiche um die Vorherrschaft in Skandinavien und dem Ostseeraum. Funde in Museen und Kultstätten der Wikinger zeugen von diesen Zeiten.

DESIGN FÜR ALLE

Heute sind Dänemark und Schweden auch wegen ihres Designs berühmt, das im Alltag, in der Mode, in Kunstwerken, aber auch in der Architektur Ausdruck findet. Leicht und minimalistisch, mit klaren Formen sowie experimentellen und eleganten Entwürfen kommen die klassischen String-Regale des schwedischen Designerpaars Kajsa und Nisse Strinning oder die ikonische PH-Lampe des Dänen Poul Henningsen daher. Zwei ganz unterschiedliche

Originale Wikingerschiffe und traditionelle Boote sind im Wikingerschiffsmuseum in Roskilde ausgestellt.

Unternehmen, Lego aus dem dänischen **Billund** (Tour 1, S. 42) und IKEA aus dem schwedischen **Älmhult** (Tour 2, S. 76), haben skandinavisches Design in die Welt getragen. Nicht wenige der dänischen und schwedischen Designer haben ihre Auffassung von ästhetischer Funktionalität gleichzeitig als Architekten umgesetzt. Das SAS Royal Hotel in Kopenhagen ist beispielsweise auf den dänischen Reißbrettern von Arne Jacobsen entstanden, der auch viele Möbel und andere Details im Gebäude entworfen hat.

SPIELWIESE DER ARCHITEKTUR

Innovative Architektur fällt in Dänemark und Schweden auf fruchtbaren Boden. Das von einem spanischen Architektenbüro entworfene 190 m hohe Malmöer Wohnhaus »Turning Torso« konnte so zum neuen Wahrzeichen der schwedischen Hafenstadt **Malmö** (Tour 2, S. 68) werden, ebenso wie das spektakuläre neunstöckige Wohngebäude Bølgen (die Welle) unweit vom Hafen in der jütländischen Stadt **Vejle** (Tour 1, S. 43), für das Henning Larsen Architects aus Kopenhagen schon einige Preise einheimst hat. Auf Fünen schließlich haben die Holzpavillons des japanischen Stararchitekten Kengo Kuma dem H. C. Andersens Hus in **Odense** (Tour 2, S. 61) ein zeitgenössisches Antlitz verliehen.

Die Highlights in Dänemark und Südschweden im Wechsel der Jahreszeiten

Kopenhagen

Saisonstart im Tivoli

Endlich, Ende des Monats März erwacht der Vergnügungspark Tivoli aus seinem Winterschlaf. Die Achterbahnen rattern wieder, und der Sommer ist nicht mehr weit.

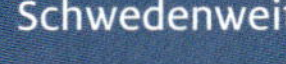

Schwedenweit

Walpurgisnacht

Valborg, so heißt die Walpurgisnacht Ende April in Schweden. Freudenfeuer lodern, schließlich wird der kommende Sommer begrüßt. Am nächsten Tag, dem 1. Mai, wird gefeiert und getanzt, ergänzt von Paraden und Festivals.

März

Mit eisigen Wassertemperaturen ist der März nicht gerade ein Bademonat. Zeit für lange einsame Strandspaziergänge.

Tagesdurchschnittstemp. 3 °C
Wassertemp. 3 °C

April

Der Frühling im Anmarsch im Monat mit den geringsten Niederschlägen. Die ersten Blumen und Bäume fangen an zu blühen.

Tagesdurchschnittstemp. 7,5 °C
Wassertemp. 5,5 °C

Gelbe Pracht

Im späten Frühjahr und beginnenden Sommer überziehen leuchtend gelbe Rapsfelder Jütland.

Aalborg

Karneval

Zu Pfingsten, meist Ende Mai, ist es so weit. Seit mehr als 40 Jahren strömen die Jecken zum größten Karneval Nordeuropas in die Aquavit-Metropole von Jütland.

In ganz Skandinavien

Mittsommernacht

Am 21. Juni, Midsommar in Schweden oder Sankt-Hans-Aften in Dänemark, wird die Sommersonnenwende, der längste Tag im Jahr, mit großen Feuern, Tanz und Gesang gefeiert. Traditionelles Gericht: eingelegte Heringe mit neuen Kartoffeln, danach Erdbeeren.

Mai

Mit rund neun Stunden am Tag hält der Mai den Sonnenscheinrekord. Der Raps blüht goldgelb auf endlosen Feldern.

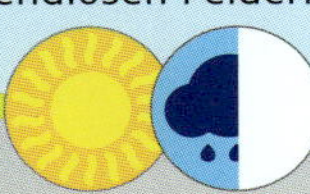

Tagesdurchschnittstemp. 12 °C
Wassertemp. 9,5 °C

Juni

Stadtbesucher und Einheimische genießen die Sonnenstrahlen auf den Restaurantterrassen am Nyhavn in Kopenhagen.

Tagesdurchschnittstemp. 15,5 °C
Wassertemp. 14 °C

Roskilde

Roskilde Festival

Über 100 000 musikbegeisterte Fans verfolgen im Juli rund 180 Acts auf diversen Bühnen: Serviert wird Rockmusik vom Feinsten. Die Headliner reichen von den Rolling Stones bis zu Pussy Riot oder Rihanna. Überschüsse gehen direkt an humanitäre Projekte.

Kopenhagen und südschwedische Küste

Kulinarische Highlights

Zu den kulinarischen Highlights des Sommers zählen das Foodfestival Copenhagen Cooking in Dänemark und Kräftskiva, das schwedische Krebsfest Im August, vor allem in den Küstenorten.

Juli

Bestes Strandwetter. Es ist warm, die Sonne scheint. Das helle Licht in Skagen hat die Maler schon vor 100 Jahren verzaubert.

August

Es bleibt angenehm warm, doch mit gleichzeitig mehr Regentagen. Im Südosten von Schweden ist es trockener und wärmer.

Tagesdurchschnittstemp. 20 °C
Wassertemp. 17,5 °C

Tagesdurchschnittstemp. 18 °C
Wassertemp. 18 °C

Inselidyll

Viele Inseln und Inselchen wie hier im Schärengarten vor Stockholm laden zu erholsamem Aufenthalt ein.

Roskilde-Fjord

Wikingersegeln

Am 30. September endet die sommerliche Segelsaison im Roskilde-Fjord, dem einzigen Ort auf der Welt, wo man von einem Wikingerschiffsmuseum aus in einem echten Drachenboot lossegeln kann.

Stockholm

Nobelpreise

Die Welt schaut auf Stockholm, im Oktober werden die Gewinner der Nobelpreise verkündet. Für das festliche Bankett müssen die Ausgezeichneten bis Dezember warten.

September

In Schweden ist die Getreideernte in vollem Gange. Das Laub beginnt sich zu verfärben, die Landschaft legt nach und nach ein herbstliches Kleid an.

Tagesdurchschnittstemp. 15 °C
Wassertemp. 15,5 °C

Oktober

Herbststürme fegen das Laub von den Bäumen, aber es gibt noch viele schöne Tage. Die Nächte werden kühl.

Tagesdurchschnittstemp. 10,5 °C
Wassertemp. 12 °C

Dänemarkweit

Weihnachtsbiertag

Der Julebrygsdag oder kurz »J-Dag« wurde erst 1990 von einer interessierten dänischen Großbrauerei für den ersten Freitag im November als Start in die Weihnachtssaison eingeführt und verbreitet sich jedes Jahr weiter.

Schwedenweit

Luciafest

Beim Luciatåg am 13. Dezember in Schweden bringt eine in Weiß gekleidete Prozession von singenden jugendlichen Sängerinnen und Sängern mit brennenden Kerzen in der Hand den Menschen das Licht und tragen es auf Plätze, in Kirchen, Rathäuser oder Restaurants.

November

Die Temperaturen schwanken um den Gefrierpunkt. Weiter im Norden kann es schneien, an den Küsten im Süden regnet es häufiger.

Tagesdurchschnittstemp. 6 °C
Wassertemp. 8,5 °C

Dezember

Bei rund elf Tagen mit Niederschlägen können diese im Süden als Regen, im nördlichen Stockholm auch oft als Schnee fallen.

Tagesdurchschnittstemp. 2 °C
Wassertemp. 5 °C

Winterstille

Auch in der kalten Jahreszeit haben Strand und Dünen ihren Reiz. Hier auf dem Holmsland Klit an der Westküste Jütlands mit dem Lyngvig Fyr.

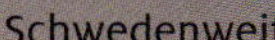

Kopenhagen

Mode

Ende Januar starten die Fashion Week und das Fashion Festival in Kopenhagen, mit Modeschauen, Straßenpartys, Konzerten und Wettbewerben rund um die Mode in Skandinavien.

Schwedenweit

Faschingsdienstag

Am Fettisdagen im Februar kommen in Schweden Semla-Süchtige auf ihre Kosten. Alle Bäckereien verkaufen die fluffigen Hefeteilchen, die mit Kardamom, Marzipan und einer nicht zu knappen Portion Vanillesahne daherkommen.

Januar

Schneefälle sind möglich. Im südschwedischen Hochland südlich des Vättern werden mitunter Schneehöhen bis zu 20 cm gemessen.

Tagesdurchschnittstemp. 1,5 °C
Wassertemp. 3,5 °C

Februar

Der kälteste Monat des Jahres. Schnee und Eis verwandeln vor allem den nördlichen Teil von Südschweden in eine verzauberte Winterlandschaft.

Tagesdurchschnittstemp. 1 °C
Wassertemp. 2,5 °C

TOUR 1

Hoch in den Norden

Im Zickzack von Nordseestränden zum Kattegat

Die Westküste ist die dramatische Seite von Jütland, der dänische wilde Westen mit Wanderdünen, Steilküsten und sattgrünem Marschland im Süden. An der ruhigeren Ostseeküste fühlen sich Familien mit kleineren Kindern wohl. In den Badeorten und Hafenstädten lässt es sich entspannt genießen, mit Fischgerichten in Restaurants oder Kunst und Kultur in kleinen Museen. Ganz im Norden, auf einer sandigen Landzunge bei Skagen, treffen Nord- und Ostsee aufeinander. Ein einmaliger Anblick. Das magische Licht zieht seit mehr als hundert Jahren Maler in die nördlichste Stadt Dänemarks.

Siehe Seite 54

Mehr Norden geht in Dänemark nicht: Der Leuchtturm von Skagen steht an der Nordspitze Jütlands.

Die Tour auf einen Blick

ORTE ENTLANG DER ROUTE

1. Tønder – Ribe – Esbjerg – Blåvand – Hvide Sande – Ringkøbing
2. Ringkøbing – Billund – Kolding – Vejle – Horsens – Skanderborg – Silkeborg – Aarhus
3. Aarhus – Hobro – Aalborg – Hjørring – Hirtshals – Skagen – Frederikshavn – Göteborg

KILOMETER
ETAPPE 1: 213 KM
ETAPPE 2: 290 KM
ETAPPE 3: 275 KM (+ FÄHRE 99 KM)

Navigation und GPX-Download

REINE FAHRTZEIT
ETAPPE 1: 3¾ STUNDEN
ETAPPE 2: 4½ STUNDEN
ETAPPE 3: 4 STUNDEN (+ FÄHRE 3½ STUNDEN)

ETAPPE 1

Von Tønder nach Ringkøbing

213 km ca. 3 ¾ Std.   

Die sehr gut ausgebaute Primærrute 11, oder einfach nur Rute 11, führt von **Tønder** nahe der Grenze zu Deutschland rund 250 km weit nach Norden. Rechts und links Äcker und Weiden, dem Marschland abgerungen, zwischendurch einzelne Gehöfte, ab und zu aufgelockert von kleinen Dörfchen. An einigen der schmaleren Nebenstraßen durch die Marschlandschaft fallen Schilder mit einer weißen Margeritenblüte ins Auge. Sie weisen auf die »Margeriten-Route« hin, ein ausgedehntes Netz an landschaftlich reizvollen Strecken durch ganz Dänemark (s. auch S. 168).

Bevor es losgeht, lohnt beim Dorf Møgeltønder, nur wenige Autominuten westlich von Tønder, das königliche **Schloss Schackenborg** einen kurzen Besuch. Der hübsche Park ist öffentlich zugänglich, über Schlossführungen kann man sich im (vorzüglichen) Restaurant Slotskro an der Slotsgaden erkundigen.

Auf dem Weg nach Norden sticht kurz vor **Skærbæk** ein augenfälliges Gebilde ins Auge. Wie eine überdimensionale DNA-Spirale schraubt sich der 25 m hohe, hölzerne Marsk Tower in den jütländischen Himmel. Bei gutem Wetter bietet der Turm einen fantastischen Ausblick weit über die flache Marschlandschaft und das Wattenmeer bis zur nordfriesischen Insel Sylt im Süden und dem 25 km entfernten Ribe im Norden.

IN DIE WIKINGERMETROPOLE

Auf kerzengerader Strecke durch pfannenkuchenflache Landschaft erreicht die Route **Ribe**, die älteste Stadt Dänemarks, die schon zu Wikingerzeiten vor 1300 Jahren auf Landkarten verzeichnet war. Neben dem Wikingermuseum gehört das VikingeCenter gleich südlich der Stadt mit rekonstruierten Gebäuden, Anleger und Schiffen sowie vielen Aktivitäten zu den Top-Attraktionen der 8000-Einwohner-Stadt, vor allem bei Familien mit Kindern.

Noch bis ins 17. Jahrhundert wurde im heute verlandeten Hafen ein großer Teil der Güter und landwirtschaftlichen Produkte des dänischen Königreichs umgeschlagen.

Das Dominikanerkloster, der imposante, bald 900 Jahre alte fünfschiffige Dom im Zentrum mit

*Anschaulich und spannend zeichnet das **Wikingermuseum** in Ribe die Zeit der Wikinger vor mehr als 1000 Jahren nach.*

Weitere Details in der ADAC Trips App

Kaum losgefahren, bietet der Marsk Tower bereits ein lohnendes Ziel für einen Zwischenstopp mit Weitblick.

 **Hotel Dagmar**

Dänemarks ältestes Hotel von 1581, stimmungs- und geheimnisvoll, mit nettem Restaurant Dagmar und zwanglosem Kellerlokal Vægterkælderen mit herzhafter Kost und gezapftem Bier. Torvet 1, 6760 Ribe, www.hoteldagmar.dk

Doppelturm und das Rathaus gehören zu den vielen denkmalgeschützten Gebäuden aus dem Mittelalter. Das nach einer legendären Königin benannte Hotel Dagmar gegenüber vom Dom ist Herberge und Attraktion zugleich. Vor bald 450 Jahren in den feuchten Marschboden gesetzt, sind trotz behutsamer Renovierung rechte Winkel im ältesten Hotel von Dänemark die Ausnahme.

SCHWARZE SONNE UND KÖSTLICHE AUSTERN

Wer im Frühling oder Herbst nach Ribe oder auf den Straßen nahe der Nordseeküste reist, sollte in der Dämmerung ab und an den Himmel beobach-

Abendliche Lichtstimmung zum Träumen am Wattenmeer bei Ribe

ten. Mit etwas Glück werden Sie Zeuge, wenn sich bis zu einer Million Stare zur Rast auf ihrem Vogelflug versammeln und über der Marsch bei einem Luftballett ohnegleichen die untergehende Sonne verdunkeln.

Auf dem der Küste vorgelagerten und bei Ebbe über einen schmalen Weg mit dem Festland verbundenen Inselchen **Mandø** kann man in klaren Nächten dank fehlender Lichtverschmutzung vor allem im Winterhalbjahr Abertausende Sterne sehen.

Das moderne Wattenmeerzentrum südwestlich von Ribe ist das Tor zum **Nationalpark Wattenmeer** und lädt im Winterhalbjahr zur »Austern Safari« ein. Viele Muschelbänke im Watt sind von invasiven Austern okkupiert, die das ökologische Gleichgewicht im Nationalpark durcheinanderbringen. Also: Gummistiefel, Snack und Trinkwasser einpacken, dann Austern sammeln, öffnen und schlürfen – entweder gleich bei der geführten Wanderung oder später ganz gemütlich im Ferienhaus

*Das **Wattenmeerzentrum Ribe** in Dänemarks größtem Nationalpark führt mit interaktiven Ausstellungsstücken in die Natur des Wattenmeers ein.*

Weitere Details in der ADAC Trips App

DIE NORDSEE IM BLICK

Etwas nördlich von Ribe zweigt kurz hinter Gredstedtbro die Rute 24 nach Westen ab und erreicht nach wenigen Kilometern die Hafenstadt **Esbjerg** an der Küste mit Blick auf das Wattenmeer und die vorgelagerte Ferieninsel **Fanø**. Strände, Dünen und gemütliche Dörfer laden dort zum Urlauben ein. Esbjergs beeindruckender Hafen wiederum hat große Bedeutung für die Energiewirtschaft – früher vor allem für die Gas-

 **Hvidbjerg Strand Feriepark**

Super Campingplatz nahe Esbjerg, auch geschmackvoll eingerichtete Reetdachhütten und Restaurants.
Hvidbjerg Strandvej 27, 6857 Blåvand,
www.hvidbjerg.dk

Neben dem Leuchtturm Blåvandshuk bei Blåvand steht noch ein alter Bunkerturm.

und Ölindustrie, heute werden ganze Windkraftanlagen von hier verschifft. Sie folgen dem Sædding Strandvej hinaus aus der Stadt, vorbei an der weißen Riesenskulptur »Der Mensch am Meer«, und fahren die nächsten Kilometer immer nahe der Küste nach Norden.

TRAUMSTRÄNDE AN DER NORDSEE

Am breiten Strand von Blåvand hat man einen gewaltigen Bunker der deutschen Besatzungsmacht aus dem Zweiten Weltkrieg zum spektakulären **Tirpitz-Stellung Bunkermuseum** in den Dünen umgebaut. Gezeigt werden Ausstellungen zur Geschichte dieses düsteren Ortes, aber auch zu anderen Themen, wie der besonderen Küstenlandschaft und ihren einstigen eiszeitlichen tierischen Bewohnern. Blåvand ist auch die Heimat der bekannten dänischen Künstlerin Agnete Brinch, die mit ihrer Werkreihe »Frauen, die die Welt verändern« berühmt geworden ist. Besucher sind nach Anmeldung in ihrem Atelier willkommen (www.agnetebrinch.dk).

In **Blåvand** beginnt der endlose, kaum unterbrochene Sandstrand entlang der Nordseeküste, der die Fahrt auf

 **Henne Kirkeby Kro**

Das kulinarische Highlight der Westküste mit der hochdekorierten Küche von Paul Cunningham. Ein preiswerteres Zweitrestaurant steht zur Auswahl, auch Übernachtungsmöglichkeiten gibt es. Strandvejen 234, 6854 Henne, www.hennekirkebykro.dk

der Landstraße 181 über den schmalen **Holmsland Klit** zwischen den Dünen und dem **Ringkøbing-Fjord** bis zum fantastischen Strand von Søndervig begleitet. Eine Traumroute mit in den Dünen versteckten Ferienhäusern und Campingplätzen sowie kleinen Urlaubs- und Fischerorten wie **Nymindegab** mit seinen alten Fischerhütten oder **Hvide Sande** mit einer Klappbrücke über dem schmalen Wasserarm zwischen Nordsee und Fjord. Der durch die recht schmale sandige Nehrung Holmsland Klit von der Brandung der Nordsee abgeschirmte Ringkøbing-Fjord ist ein Hotspot für Windsurfer und andere Wassersportler. Von einem fünf Stockwerke hohen Beobachtungsturm im Feucht- und Naturschutzgebiet Tipperne ganz im Süden des Küstensees lassen sich verschiedene Stelzvogelarten und eine große Population von Schwänen, während des Vogelzugs auch riesige Schwärme von Wildgänsen, beobachten, die hier einen Boxenstopp auf ihrer langen Flugreise einlegen.

Die muntere Kleinstadt **Ringkøbing** am nördlichen Ende des Fjords wurde schon in der Mitte des 15. Jahrhunderts gegründet, als noch niemand an Tourismus dachte. Heute bummeln Besucher gerne über kopfsteingepflasterte Gassen durch das gemütliche Zentrum.

Die moderne Skulptur »Den fede dame« am Hafenplatz hatte bei ihrer Enthüllung 2009 internationales Aufsehen erregt. Sie zeigt einen afrikanischen Jugendlichen, der eine korpulente Dame auf den Schultern trägt, und soll verdeutlichen, worauf sich der Wohlstand in der westlichen Welt gründet.

*Zwischen dem Ringkøbing-Fjord und der Nordsee liegt der kleine Fischerort **Hvide Sande** auf dem Holmsland Klit.*

Weitere Details in der ADAC Trips App

Zwischen dem Ringkøbing-Fjord und der Nordsee erstreckt sich über rund 35 km der schmale Holmsland Klit.

ETAPPE 2

Von Ringkøbing nach Aarhus

⟷ 290 km ca. 4½ Std.   

Von Ringkøbing geht es auf den Nationalstraßen 15 und 28 wieder nach Südosten. Flaches fruchtbares Land erstreckt sich beiderseits der Route mit Feldern und Weiden, auf denen viele Landwirte auf Bio-Produktion umgestellt haben. Im Städtchen **Skjern** erinnert nahe dem Bahnhof eine wuchtige, tonnenschwere Bronzeskulptur an den mythischen Krieger Holger Danske, der nach der Sage in den Kasematten von Schloss Kronborg schläft und erst aufwacht und sein Schwert zückt, wenn Dänemark unterzugehen droht. Sponsoren haben die symbolhafte Figur aus Helsingør zum Missfallen vieler dortiger Einwohner von 2013 von einem Hotel ersteigert und als Attraktion in Skjern aufstellen lassen.

ZURÜCK ZUR NATUR

Gleich südlich des Ortes, auf halbem Weg zum 4 km entfernten Nachbarstädtchen Tarm, quert die zweispurige Nationalstraße 28 den Lauf der **Skjern Å**. Das wasserreichste Flüsschen des Königreichs schlängelt sich noch wenige Kilometer nach Westen und mündet dann in den Ringkøbing-Fjord. Das einzige Flussdelta Dänemarks steht als **Skjern Enge** unter Naturschutz.
In den 1960er-Jahren wurden im Flusstal der Skjern Å rund 4000 Hektar Wiesen und Sumpfgebiete in Ackerflächen und Viehweiden umgewandelt. Rund 30 Jahre später wurde der Rückwärtsgang eingelegt und damit begonnen, den drastischen Eingriff in das Ökosys-

tem der Auenlandschaft zu korrigieren. Im Rahmen des Skjern-Å-Naturprojekts konnte etwas mehr als die Hälfte des entwässerten Areals wieder in ein Feuchtbiotop zurückverwandelt werden. Heute gibt es im größten Renaturierungsprojekt Nordeuropas über 20 km Wander- und Fahrradwege und mehrere Türme zur Beobachtung der vielen Vogelarten. Die beiden Flussläufe können mit selbst zu bedienenden Schleppfähren überquert werden. Dank verbesserter ökologischer Bedingungen fühlt sich mittlerweile auch der Lachs wieder im Flussdelta wohl – sehr zur Freude der Angler. Auf der größten Insel im Delta grasen wilde Pferde.

IN DIE WELT DER BUNTEN STEINE

Bei **Tarm** knickt die Nationalstraße 28 nach Südosten ab. Über Sønder Omme ist bald **Grindstedt Sogn** erreicht. Nun sind es nur noch wenige Fahrminuten bis zu einer der größten und bekanntes-

Im Naturschutzgebiet Skjern Enge kann man sogar Wildpferde beobachten.

Erst auf den zweiten Blick erkennt man, dass hier alles aus Legobausteinen ist.

ten Besucherattraktionen Dänemarks, dem **Legoland Billund Resort**. Mitten in Jütland wurde 1968 in der Kleinstadt Billund nahe der ursprünglichen Legofabrik der erste Legoland Freizeitpark eröffnet, inzwischen mit einem Dutzend aus Legosteinen erbauten Themenwelten und diversen Achterbahnen, dem weitere »Legoländer« weltweit gefolgt sind. Der Flughafen von Billund ist nach Kopenhagen der zweitgrößte Dänemarks. Er verbindet Jütland mit rund 60 Zielen, überwiegend in Europa.

Zurück auf der von Äckern, Feldern und gelegentlichen Waldstücken gesäumten Landstraße 28 geht es bis zum Kreisverkehr bei Bredsten Sogn weiter nach Osten und dann auf der Landstraße 176 nach Süden bis nach **Kolding**. Die alte Königsstadt am tief ins Land eingeschnittenen Kolding-Fjord lohnt vor allem wegen ihrer Burg Koldinghus und dem Museum Trapholt für Kunst, Kunsthandwerk und Möbeldesign mit Blick auf die Koldinger Förde und einem attraktiven Museumsshop einen Besuch. Hier finden Sie Exponate von Arne Jacobsen und allen anderen wichtigen dänischen Designern.

*Miniaturwelten aus über 65 Millionen bunten Legosteinen locken jedes Jahr Hunderttausende in den beliebtesten Freizeitpark Dänemarks, das **Legoland**.*

Weitere Details in der ADAC Trips App

ZUR GEBURTSSTÄTTE DÄNEMARKS

Von Kolding geht es ein kurzes Stück auf der autobahnähnlichen Europastraße E 45 bis ins rund 30 km entfernte **Vejle**. Rechts und links säumen weite Äcker die Straße, immer wieder aufgelockert durch einzelne gepflegte Vierseitengehöfte mit der dänischen Nationalflagge, dem Dannebrog, davor. Kurz vor der 1710 m langen Autobahnbrücke, die den malerischen, von baumbestandenen Anhöhen wie dem Munkebjerg gerahmten Vejle-Fjord überspannt, führen die Nationalstraße 28 und der Dæmningen ins Zentrum von Vejle. Rechts sind Gewerbegebäude auszumachen, Hafenanlagen und eine Marina für Freizeitboote. Links das Wissenschaftsmuseum Økolariet, ein Erlebniszentrum zu Natur, Klima und Energie, und die Nikolaikirche. Der Jellingvej führt nach Nordwesten aus der Hafenstadt heraus und wird zur

 **Sdr. Bjert Kro**

Der traditionelle, ländliche Kro eine Viertelstunde südöstlich von Kolding bringt eine ambitionierte Feinschmeckerküche mit vielen regionalen Zutaten auf den Tisch. Angeschlossen ist eine Unterkunft mit gepflegten Zimmern.
Gamle Bjert 16, 6091 Bjert, www.sdrbjertkro.dk

Burg Koldinghus war über Jahrhunderte eines der wichtigsten Königsschlösser des Landes.

UMSTEIGEPUNKT
KOLDING

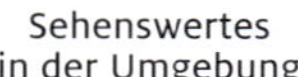

Sehenswertes
in der Umgebung

Kolding ist nicht nur ein praktischer Umsteigepunkt für alle, die weiter über Fünen in die dänische Hauptstadt Kopenhagen fahren wollen, sondern auch ein lohnender Stopp für geschichts- und kulturinteressierte Besucher. Größter Blickfang ist das Koldinghus, ein mehrfach umgebautes und erweitertes festungsartiges Schloss, das bis 1920 die Grenze des Königreichs Dänemark zum Herzogtum Schleswig markierte. In der gemütlichen Altstadt drum herum laden Cafés und Restaurants zur Einkehr ein.

AUSFLUGSTIPP

Keine 20 km südlich von Kolding liegt der kleine Ort **Christiansfeld**. Die 1771 gegründete Siedlung der pietistischen

Rund um den Schlosssee in Kolding führt ein hübscher Uferweg.

Herrnhuter Brüdergemeinde mit ihrem rechtwinkligen Straßennetz und Gebäuden aus hellen Ziegeln ist größtenteils erhalten und wurde in die Liste des UNESCO-Weltkulturerbes aufgenommen. Schlichter Lebensstil und handwerkliche Arbeit gehören noch heute zu den gelebten Idealen der Gemeinde, die auch für ihre köstlichen Honigkuchen weithin bekannt ist.

Symmetrien kennzeichnen das Ortsbild von Christiansfeld.

ZUR TOUR 2
In Kolding können Sie zur Tour Richtung Kopenhagen und Schweden umsteigen.

*Die mehr als 1000 Jahre alten **Jellinge Steine** gelten als »Taufscheine« Dänemarks.*

Weitere Details in der ADAC Trips App

Landstraße 442. Diese wird nach dem Kreisverkehr am Ortseingang von **Jelling** auf dem Weg zu den Weltkulturerbestätten der UNESCO zum Vejlevej. Zum geschützten Ensemble gehören zwei große Grabhügel, dazu die beiden **Jellinge Steine**, deren alte Runeninschriften von der Reichsgründung und der Christianisierung Dänemarks künden. Zwischen großen, akkurat bestellten Äckern geht es weiter auf dem Tørringvej noch Norden. An der Grenze zwischen Syddanmark und Midjylland trifft er auf die Nationalstraße 30, die direkt auf die Hafenstadt **Horsens** zusteuert. An den Hafenbecken am Ende des Horsens-Fjords konzentrieren sich Handel und Gewerbe, die eigentliche Innenstadt erstreckt sich nördlich davon entlang der breiten Jessens- und der Søndergade, einer hübschen Fußgängerzone. Dort befindet sich u. a. das schmucke Jørgensens Hotel mit einladender Gastronomie in einem umgebauten Barockpalais. Weniger bequem

Die Runensteine von Jellinge stammen aus dem 10. Jahrhundert.

hatten es da die zeitweisen Bewohner des Fængslet, des inzwischen zu einer Attraktion umgestalteten früheren Gefängnisses im Norden der Stadt.
Über Dörfer und immer mit einigem Abstand zum fast parallel verlaufenden breiten Østjyske Motorvej, der E 45, erreichen Sie auf der Landstraße 170 nach einer halben Stunde die idyllische Kleinstadt **Skanderborg** am buchtenreichen Skanderborg Sø.

WÄLDER UND SEEN IN SØHØJLANDET

Bei Skanderborg beginnt das jütländische Seengebiet mit dem Landschaftsschutzgebiet **Søhøjlandet**, das sich in einer von den Eiszeiten geformten hügeligen Landschaft vom Skanderborg Sø bis zum Silkeborg Langsø erstreckt und immer wieder von Waldstücken aufgelockert wird. Auf halber Strecke nach Silkeborg lohnt es sich, den genau 147 m hohen Hügel **Himmelbjerget** zu »erklimmen«. Es ist auch möglich, das Auto in Silkeborg zu parken und den Himmelsberg von dort aus mit einem Ausflugsdampfer anzusteuern. Von der Spitze des 1875 errichteten, 25 m hohen Aussichtsturms, eines Denkmals für König Frederik VII., bietet sich ein traumhafter Blick über den »Lake District« von Dänemark mit seinen Hügeln, Seen, Wäldern, Heidelandschaften und Wiesen.
Auf dem weiteren Weg von Silkeborg nach Aarhus durchquert die gemütliche Landstraße 195 winzige Dörfer wie Nordskov, Lasby oder Klank, an denen die parallel verlaufende Nationalstraße achtungslos vorbeisaust. Auf beiden erreicht man bald die Außenbezirke von **Aarhus**, der attraktiven und mit bald 300 000 Einwohnern zweitgrößten Stadt Dänemarks. Wie so oft in dänischen Städten verschmelzen auch hier Historisches und Modernes zu einer spannenden, kreativen Mischung.

 **Domestic**

Fine Dining im rustikalen Ambiente eines Hinterhofs. Saisonale Gerichte, meisterhaft zubereitet und fantasievoll präsentiert. Mejlgade 35B, 8000 Aarhus, www.restaurantdomestic.dk

ETAPPE 3

Von Aarhus nach Göteborg

↔ 275 km (+ Fähre 99 km) ca. 4 Std. (+ Fähre 3½ Std.)

Von Aarhus setzen Sie die Fahrt nach Norden zunächst auf der vierspurigen Nationalstraße 15 bis zur Abfahrt Hornslet fort. Von dort geht es auf der Landstraße 563 bis Termestrup, später über die Nationalstraßen 21 und 16 sowie den Grenåvej durch flache, von Äckern und Weiden dominierte Landschaft bis **Randers**. Die Gundenå, mit 146 km von der Quelle bis zur Mündung in den Randers-Fjord Dänemarks längster Fluss, durchquert die Stadt von knapp 65 000 Einwohnern. Der tropische Zoo Randers Regnskov an der südlichen Stadtumgehung Torvebryggen, der Landstraße 180, mit »frei lebenden« Affen, Leguanen, Faultieren, Jaguaren und einem »Schlangentempel«, gehört

Blick auf das alte Zollhaus am Hafen von Aarhus, ein Stück dahinter ragt der Dom auf.

Der kreisrunde Ringwall von Fyrkat misst 120 m im Durchmesser.

zu ihren bekanntesten Attraktionen. Die Landstraße 180 und die E 45, der Nordjyske Motorvej, führen weiter nach Nordwesten, begleitet von Feldern mit schnurgeraden Ackerfurchen, kleineren Gehölzen oder Bächen wie dem fischreichen Kongsvad Mølleå, die sich von Weiden und Schilf gesäumt durch die Landschaft schlängeln. Am Rand von **Hobro** markiert ein aufgeschütteter Ringwall den Ort der Ringburg **Fyrkat** aus Wikingerzeiten, die vor mehr als 1000 Jahren 16 Langhäuser umgab. Ein rekonstruierter Adelshof und Werkstätten sind im Sommer von »Wikingern« bevölkert, die zeigen, wie die in Europa gefürchteten Nordleute hier als Bauern und Handwerker gelebt haben mögen.

Schnurgerade führt der schmale Rostrupvej nach Nordwesten, bald nennt er sich Egelungdvej, und beim See Madum ist schließlich **Rold Skov**, das größte zusammenhängende Waldgebiet Dänemarks erreicht. Ein guter Grund, das Auto zu parken und auf einigen der insgesamt 60 km langen Wanderwegen die Buchenwälder oder die hügelige Heidelandschaft zu durchstreifen und jahrtausendealte Hünengräber aus der Bronzezeit zu entdecken.

*Die Überreste der **Wikingerburg Fyrkat** sowie rekonstruierte Gemeinschaftshäuser geben einen Eindruck vom Leben um das Jahr 1000 n. Chr.*

Weitere Details in der ADAC Trips App

In verschiedenen Bereichen stellt das Nordsee-Ozeanarium die faszinierende Artenvielfalt der Nordsee vor.

Nicht weit dahinter erstreckt sich beim Örtchen **Skørping** die hügelige Heidelandschaft von Rebild Bakker. Jedes Jahr wird hier im Amphitheater am 4. Juli, dem Nationalfeiertag der USA, ein Fest gefeiert, ursprünglich gestiftet von Amerikanern mit dänischen Wurzeln. Die Landstraße 180, hier Hobrovej genannt, strebt nun zügig in Richtung **Aalborg**, einer lebendigen Stadt mit gut 120 000 Einwohnern am Ufer des Limfjords, der quer durch den Norden Jütlands bis zur Nordsee verläuft.

AM ENDE DES GELÄNDES

Wieder führt die Landstraße, jetzt die 190, wie an einem Lineal gezogen nach Norden. Der Himmel scheint weiter zu werden, man kann das Meer schon spüren, auch wenn die Nordsee tatsächlich noch einige Kilometer entfernt ist. Wer will, kann **Hjørring** auf der Europastraße E 39 umfahren, wer das traditionsreiche Städtchen – einst bedeutender Wikingersiedlungsort, später christliche Pilgerstätte – besuchen möchte, wird von der besonderen Atmosphäre in der schmalen Museumsgade mit mehreren Museen vielleicht überrascht sein und genussvoll einen Cappuccino in einem der zahlreichen Cafés z. B. in der zentralen Østergade schlürfen.

Die Fähr- und Hafenstadt **Hirtshals** ist von hier nur noch eine Viertelstunde entfernt. Die breiten Sandstrände der Nordsee grenzen unmittelbar ans Stadtgebiet. Von den Anlegern im Hafen starten Fähren nach Norwegen und zu den Färöerinseln. Eine besondere Besucherattraktion ist das große Nordsee-Ozeanarium am östlichen Ortsrand mit einem gigantischen Aquarium, das sich über vier Stockwerke erstreckt.

Von Hirtshals führt der schmale Uggerby Skovvej parallel zur stärker befahrenen Landstraße 597, dem Tverstedvej, nach Osten durch Kiefernschonungen und zuweilen mit Aussicht auf den lang gezogenen **Kjul-Strand** und die Nordsee. Wenn Sie am Tolstrupvej nach links und die nächste kreuzende Straße wieder nach rechts abbiegen, müssen Sie nur noch die Leitertreppe auf den hölzernen Aussichtsturm (Udsigtstårn) erklimmen, um mit einem tollen Rundumblick über die Nadelwälder bis zur Meeresbrandung belohnt zu werden.

Dahinter knickt das Sträßchen kurz vor dem Strand scharf nach Süden ab und stößt bald auf die Landstraße 597, den Skagensvej. Wer Adler und andere Greifvögel live erleben möchte, sollte nach etwa 10 km auf das Schild »Ørnens Verden«, Adlerwelt, achten. In dem Reservat werden Flugshows geboten, bei denen man die Vögel bei allerlei Kunststücken erleben kann.

Zurück auf der Landstraße 597, erreichen Sie kurz danach die Abzweigung auf den Troldkærvej, der direkt auf die kleine, steinerne Råbjerg Kirke zuhält.

 **Brøndums Hotel**

Nachmittags gibt es Erdbeertorte mit Filterkaffee im großen Garten, abends werden Scholle, Seezunge oder eine hervorragende Fischsuppe serviert. An den Wänden hängen Bilder der Skagenmaler.
Anchersvej 3, 9990 Skagen,
www.broendums-hotel.dk

Zufahrt zum Skagen Fyr, dem nördlichsten und zweithöchsten Leuchtturm Dänemarks.

Biegen Sie an der Kirche nach Osten auf den Råbjergvej, der Sie durch Heidelandschaft zur Nationalstraße 40 bringt. Parallel zu den Stränden der Ost- und der Nordsee, die hier nur wenige Kilometer voneinander entfernt sind, führt sie nach Norden. Links breitet sich die riesige Sanddüne **Råbjerg Mile** aus, die nur über eine Stichstraße zu erreichen ist, bald darauf rechts die etwas kleinere **Sandmilen**. Von der »tilsandede kirke«, der versandeten Kirche, schaut nur das obere Drittel aus einem früheren Dünenkamm heraus. Den Rest des Gotteshauses hat der Flugsand längst unter sich begraben. Kurz dahinter erreichen Sie **Skagen**, bekannt für seinen Fischer- und Seglerhafen, für entspannte Urlaubsatmosphäre und die Skagenmaler, die vor mehr als 100 Jahren hier Natur, Fischer und Bauern malten, statt adlige Gesellschaften in Kopenhagen zu porträtieren. Weiter im Norden liegen nur noch der Parkplatz von **Grenen** und eine sandige Landzunge, an der die Wellen von Skagerrak und Kattegatt aufeinanderklatschen. Hier an der Nordspitze von Jütland und Dänemark befinden Sie sich am nördlichsten Punkt Kontinentaleuropas.

__Skagen__, die nördlichste Stadt Dänemarks, besitzt eine große Fischereiflotte, ist aber auch ein beliebtes Urlaubsziel mit schönen Sandstränden und guten Fischrestaurants.

Weitere Details in der ADAC Trips App

Über Aalbæk und Jerup kommen Sie auf der Nationalstraße 40 schnell nach **Frederikshavn**. Die Hafenstadt verbindet Dänemark per Fähre mit der vorgelagerten Insel Læsø, dem schwedischen Göteborg und mit der norwegischen Hauptstadt Oslo.

Tipp: Mehrmals täglich pendeln Fähren der Læsø Færgen zwischen Frederikshavn und der Insel **Læsø** im Kattegatt zwischen Dänemark und Schweden. Das abgeschiedene Eiland mit alten Salzsiedereien, historischen Bauernhäusern, Badestränden sowie Wander-, Fahrrad- und Reitwegen ist ideal für eine kurze oder auch längere Auszeit. Eine Reihe unterschiedlicher Unterkünfte ist vorhanden, und die Restaurants der Insel servieren frisch zubereiteten

Auch in Skagen genießt man gerne draußen bei einer Tasse Kaffee die wärmende Sonne.

Kaisergranat, eine köstlichen Hummerkrabbe, die vor der Inselküste gefangen wird. Infos zu der Fähre finden Sie unter www.laesoe-line.dk/de, zur Insel selbst unter www.enjoynordjylland.de/laesoe.

UND JETZT MAL AUFS WASSER

Die letzte Strecke bis zum Zielpunkt der Tour geht übers Wasser, genauer gesagt an Bord einer Fähre der Stena Line, die je nach Saison bis zu sechs Abfahrten täglich für den dreieinhalbstündigen Trip hinüber nach **Göteborg** für Passagiere, Autos oder Motorräder anbietet. Kleine Gerichte im Bordrestaurant, ein üppiges All-inclusive-Büfett oder Drinks an der gut bestückten Bar machen die Mini-Kreuzfahrt kurzweilig, ebenso wie Spielbereiche für Kinder oder Casino Games für Erwachsene. Die Bord-Mall bietet eine breite Palette von Parfüms, Süßigkeiten, Weinen oder Elektronik zu ermäßigten Preisen an.

 **Jacy'z**

Wer ganz hoch hinaus will, übernachtet im 27. Stock des verglasten Hochhauses im Zentrum von Göteborg. Hier hat man sogar vom Pool einen spektakulären Panoramablick.
6 Drakegatan, Centrum, 412 50 Göteborg, www.jacyzhotel.com

TOUR 2

Inselhopping über Grenzen

Vom Kleinen Belt zum Öresund

Die großen dänischen Inseln Fünen und Seeland sind längst durch spektakuläre Brücken miteinander verbunden, Fähren sind nur noch auf wenigen Strecken und zu abgelegenen Eilanden im Einsatz. Durch den kulturellen Austausch, Warenverkehr und Berufspendler haben sich die Beziehungen zwischen dem dänischen Seeland und der Hauptstadt Kopenhagen sowie dem schwedischen Festland und Malmö besonders eng entwickelt. Die transnationale Öresundregion ist ein europäischer Wachstumsmotor. Urlauber, die mit dem Auto unterwegs sind, können heute in kurzer Zeit Landschaften und Städte von Schweden und Dänemark erkunden und die Grenze ohne große bürokratische Hemmnisse überqueren.

Siehe Seite 67

Die Öresundbrücke verbindet Kopenhagen auf dänischer mit Malmö auf schwedischer Seite.

Die Tour auf einen Blick

ORTE ENTLANG DER ROUTE

1. Kolding – Odense – Kerteminde – Nyborg – Trelleborg – Roskilde

2. Roskilde – Kopenhagen – Malmö – Ystad – Simrishamn – Kristianstad – Karlshamn

3. Karlshamn – Lönsboda – Osby – Markaryd – Båstad – Nimis – Helsingborg – Helsingør – Fredensborg – Hillerød – Lyngby – Kopenhagen

KILOMETER
ETAPPE 1: 246 KM
ETAPPE 2: 337 KM
ETAPPE 3: 350 KM

REINE FAHRTZEIT
ETAPPE 1: 3¾ STUNDEN
ETAPPE 2: 5¾ STUNDEN
ETAPPE 3: 7½ STUNDEN

Navigation und GPX-Download

ETAPPE 1

Von Kolding nach Roskilde

246 km ca. 3¾ Std.  

Östlich von Kolding und seiner 750 Jahre alten königlichen Burg Koldinghus, die einst viele Jahre als Grenzposten zum Herzogtum Schleswig diente, verlässt die Straße das jütländische Festland. Doch zunächst geht es ein Stückchen auf der Landstraße 161 zwischen der autobahnähnlichen Europastraße 20 und dem buchtenreichen Ufer des Kolding-Fjords weiter. Beim Örtchen Taulov lohnt ein Blick nach links zum Kryb-i-ly-Kro. Heute ausgebaut zu einem gediegenen Hotel, wurde dem historischen, reetgedeckten Landgasthof schon 1737 die Auszeichnung »königlich privilegiert« verliehen. Im Restaurant mit dänischer Küche werden mittags günstige Gerichte aufgetischt.

INSELPANORAMEN AUF FÜNEN

Etwas weiter östlich quert die E 20 auf der modernen Hängebrücke Nye Lillebæltsbro mit drei Spuren in jeder Richtung den Kleinen Belt. Die Landstraße 161 überspannt die Meerenge des Belts und der Insel Fünen auf der alten Lillebæltsbro, einer Eisenbahn- und Straßenbrücke, von der sich ein herrlicher Blick auf die s-förmig gewundene Wasserstraße, die Buchenwälder am gegenüberliegenden Ufer und das Städtchen Middelfart mit einer Reihe von Fachwerkhäusern im Zentrum bietet. Neben besserem Weitblick verschafft seit einigen Jahren das immer populärer werdende Bridgewalking hoch oben auf der Stahlkonstruktion der Brücke besondere Gänsehautmomente. Bei der geführten und gut

gesicherten Tour kann man mit etwas Glück vielleicht ein paar der kleinen, delfinartigen Schweinswale erspähen, die sich mit einer großen Population im Kleinen Belt tummeln. Vom alten Hafen in **Middelfart** legen in der Saison regelmäßig Kutter zur Walbeobachtung »mit nahezu hundertprozentiger Walgarantie« ab. Vielleicht fühlen sich die Tiere vom Fischreichtum im Kleinen Belt angezogen, ebenso wie Angler, die hier auf Plattfische, Kabeljau, Hering oder Seelachs gehen.

Bleiben Sie auf der Landstraße 161, bis der Østre Houghvej nach rechts abknickt. Die Straße schwenkt leicht nach links und führt mit Blick auf den Gamborg-Fjord an den Fairways des Golfklubs Lillebælt entlang. Am Ende des Golfplatzes geht es erst nach links und bei Skrillinge weiter auf dem Gl. Assensvej nach Südosten, bis der Gl. Gamborgvej nach Süden abzweigt. Über die verlandete Brücke gelangen Sie auf die landwirtschaftliche Insel Svinø, die Sie über den Ronæsskovvej

Von Middelfart starten größere und kleinere Ausflugsboote zu Touren in den Kleinen Belt.

Beschauliches Kopfsteinpflasteridyll in der Altstadt von Odense

durch eine ländliche Idylle, begleitet von Wald, Weiden und Hecken, wieder verlassen. Über den Ronæsvej und Ronæsbrovej nach Süden kommen Sie am luxuriös renovierten Schlösschen Sophienlyst aus dem 19. Jahrhundert vorbei. Umgeben vom Grün der Felder und Weiden zwischen dem Gamborg-Fjord und dem Fønsvang-See, bietet es heute einen exklusiven Rahmen für private Feiern oder Firmenevents.
Die Landstraße 313 führt weiter nach Südosten, vorbei an Feldern und gelegentlich ausgedehnten Waldgebieten. Parkplätze laden dazu ein, die Fahrt zu unterbrechen und die Natur zu erkunden. Bald zweigt der Hylkedamvej in spitzem Winkel nordwärts ab. Teiche und kleine Seen sprenkeln die Landschaft. Sie sind Hinterlassenschaften der Eiszeit, als Gletscher eine für das eher flache Dänemark recht ungewöhnliche Moränenlandschaft mit Hügeln und Vertiefungen formten. Die Hügellandschaft noch etwas weiter im Süden in Richtung

 **Sortebro Kro**

Klassische dänische Gerichte, modern interpretiert, serviert der Landgasthof von 1805 auf dem Gelände des Freilichtmuseums Den Fynske Landsby (Das Fünendorf). Das Gemüse und die frischen Kräuter stammen meist aus den Museumsgärten.
Sejerskovvej 20, 5260 Odense S, www.sortebrokro.dk

Faaborg trägt sogar den anspruchsvollen Namen »Fünische Alpen«. Viele dieser früher kahlen, nur von Heide bewachsenen sanften Hänge sind inzwischen bewaldet und von Wanderwegen und Mountainbikestrecken durchzogen.
Die Tour schlägt jedoch den Weg weiter nach Osten ein. Der Name des Odensevej lässt es erahnen, es geht zur größten und wichtigsten Stadt der Insel, nach **Odense**. Wieder gesäumt von Feldern und Weiden, überquert der Gelstedvej die E 20, die hier Fynske Motorvej heißt, um bei Gibsvad bis zur Abfahrt Odense Vest einige Kilometer selbst auf der Autobahn zu überbrücken. Die schon vom Anfang der Tour vertraute Landstraße 161 strebt nun auf direktem Weg ins Zentrum von Odense, der mit rund 180 000 Einwohnern drittgrößten Stadt Dänemarks.
Der berühmte Märchendichter Hans Christian Andersen wurde 1805 hier geboren und wuchs in Odense auf, bevor er nach Kopenhagen zog. Seinen Spuren begegnet man überall in der Stadt, die mit Kunstmuseen und Street Art, dem Dänischen Eisenbahnmuseum, einem Freilichtmuseum sowie dem

Das neue, moderne ***H. C. Andersens Hus*** *in Odense entführt Besucher in die magische Welt der Märchen.*

Weitere Details in der ADAC Trips App

Saftiges Grün und üppig blühende Felder begleiten die Fahrt übers Land.

gemütlichen, neu gestalteten Zentrum und zahllosen Parks und Grünflächen noch viel mehr bietet.

WIKINGERGRÄBER UND RINGBURGEN

Auf nach Nordosten. Die Landstraße 165 folgt dem Nordufer des Kerteminde-Fjords bis nach **Kerteminde**. Das Städtchen von gut 6000 Einwohnern liegt in der gleichnamigen Bucht, direkt am Großen Belt, der Meerespassage zwischen Fünen und Seeland. Sein Fischereihafen ist einer der größten Dänemarks. Ein Zwischenstopp auf dem Weg nach Seeland und der dänischen Hauptstadt Kopenhagen lohnt sich besonders für Familien mit Kindern. Das Meereserlebniszentrum Fjord og Bælt (www.fjordbaelt.dk) präsentiert auf unterhaltsame Weise das Unterwasserleben an den dänischen Küsten, ist aber gleichzeitig auch eine Forschungseinrichtung. Ganz andere Einblicke gibt das **Wikingermuseum Ladby**, wenige Autominuten entfernt am Südufer des Kerteminde-Fjords. Hier wurde das Todesschiff eines vor rund 1100 Jahren verstorbenen Wikingerkönigs in einem Erdhügel entdeckt. Sein Drachenboot sollte ihn einst nach Walhalla bringen, standesgemäß ausgestattet mit seinen Pferden, Hunden, Waffen und wertvollen Grabbeigaben. Vorbei am Kerteminde Sydstrand mit Gelegenheit für ein erfrischendes Bad im blaugrünen Wasser der Kerteminde-Bucht führt die Landstraße 165 parallel zum schmalen Naturstrand nach Süden. Zwischenziel ist **Nyborg**, im Mittelalter lange Sitz der dänischen Könige, die im Schloss Nyborg residierten. Früher war Nyborg auch der Fährhafen für die Autofähre hinüber zur Insel Seeland. Doch seit die für Autos mautpflichtige **Storebæltsbroen**, die kombinierte Eisenbahn- und Straßenverbindung zwischen Fünen und Seeland, 1998 eingeweiht wurde, ist dieser Fährbetrieb eingestellt. Der westliche Teil der Brücke über die viel befahrene Schifffahrtsroute des 18 km breiten Großen Belts bis zur kleinen Insel Sprogø verläuft über eine gut 6 km lange Flachbrücke, auf dem östlichen Teil dahinter bis nach Halsskov auf Seeland geht es für Pkw und andere Motorfahrzeuge über die längste Hängebrücke Europas. Züge sind auf diesem Abschnitt in einem gut 8 km langen Tunnel unterwegs.

In der südlich der E 20 gelegenen Hafenstadt **Korsør** legten bis zur Eröffnung der Storebæltsbroen die Fähren aus Nyborg an. Unweit der Überreste einer alten Festungsanlage erinnert die Flottenstation Korsør der

*Im **Wikingermuseum Ladby** gibt es das einzige Wikingerschiffsgrab in Dänemark zu sehen.*

Weitere Details in der ADAC Trips App

 **Restaurant Rudolf Mathis**

Gepflegte dänische Gastlichkeit in einem der renommiertesten Restaurants des Landes. Wunderbare Fischgerichte mit Rotzunge oder Scholle, als Menü und à la carte. Dosseringen 13, 5300 Kerteminde, www.rudolf-mathis.dk

Am Hafen von Kerteminde

dänischen Marine an die Bedeutung des Hafens an der strategisch wichtigen Passage von der Ost- zur Nordsee. Die Abfahrt Vernmelev von der E 20, die hier Vestmotorvejen heißt, bringt Sie auf dem Slagerse Landevej direkt in die mit 35 000 Einwohnern größte Stadt in Südwest-Seeland. Zuvor führt Sie die Tour jedoch am Stærremarksvej nach links in leichtem Zickzackkurs und schließlich über die Trelleborg Allé zu den Überresten der **Trelleborg**, einem 5 m hohen Ringwall einer um 980 errichteten Wikingerfestung inmitten fruchtbarer Felder. Sie gehört heute zusammen mit den anderen vier Ringburgen Dänemarks zum UNESCO-Welterbe. Das angeschlossene Museum ist von März bis Oktober geöffnet (www.vikingeborgen-trelleborg.dk). Der Weg in Richtung der Hauptstadt Kopenhagen führt weiter nach Nordwesten über **Slagelse**, dann auf einem kurzen Stück auf der E 20 bis zur Abfahrt nach **Sorø**. Die beschauliche Kleinstadt mit einem interessanten alten Apotheker-

Im Sommer beleben allerlei Wikinger-Feste das Langhaus in Trelleborg.

garten, Steinzeitgräbern und einer gotischen Klosterkirche liegt zwischen zwei von Wäldern eingefassten Seen.
Weiter geht es nach Nordosten, zunächst auf der Nationalstraße 57, dann auf Nebenstraßen, wie der Landstraße 255, durch eine zuweilen sanft hügelige Landschaft. Südlich des Örtchens **Hvalsø** erstreckt sich das Waldgebiet Bidstrup Skovene mit Seen, Feuchtgebieten, Mooren, Gras- und Weideflächen sowie kleinen Waldlichtungen. Einige Kilometer hinter Hvalsø zweigt der Bispegårdsvej von der Landstraße 255 nach Norden ab und erreicht, vorbei am privaten Schloss Ledreborg am Rand des Nationalparks Skjoldungernes Land, das »Land der Legenden«, Sagnlandet Lejre. Rekonstruierte Siedlungen mit Werkstätten aus der Steinzeit, Eisenzeit und Wikingerzeit sind hier in die grüne hügelige Landschaft eingefügt. In den Sommermonaten erwachen sie zum Leben, Schmiede hämmern, es wird Mehl gemahlen, und aus Baumstämmen entstehen Einboote.
Zurück auf der Nationalstraße, ist in wenigen Minuten **Roskilde** erreicht. Die alte Königsstadt wurde vor etwa 1000 Jahren von den Wikingern gegründet, war 500 Jahre lang die Hauptstadt des dänischen Königreichs und ist heute die zweitgrößte Stadt Seelands. Mit ihrer tollen Lage am Roskilde-Fjord, dem prächtigen Dom, in dem 37 Königinnen und Könige bestattet sind, dem Wikingerschiffsmuseum und dem legendären Roskilde Festival im Sommer gehört Roskilde zu den Top-Attraktionen des Landes.

Im Museumsdorf ***Sagnlandet Lejre*** *wird die dänische Geschichte der Vorzeit zum Leben erweckt.*

Weitere Details in der ADAC Trips App

 **Comwell Roskilde**

Gepflegte, moderne Hotelanlage 5 Autominuten nördlich des Stadtzentrums mit Blick auf den Roskilde-Fjord. Gutes Restaurant mit saisonaler Frischeküche.
Vestre Kirkevej 12, 4000 Roskilde,
www.comwell.com/en

ETAPPE 2

Von Roskilde nach Karlshamn

⟷ 337 km ca. 5¾ Std.  

Roskilde und **Kopenhagen** (dän. København) sind im Laufe der Jahrhunderte zusammengerückt. Auf der mehrspurigen Nationalstraße 21 ist die Hauptstadt von der alten Wikinger- und Königsstadt in weniger als einer Stunde erreicht. Gerade sind links noch die modernen Gebäude der Universität Roskilde auszumachen, zieht mit dem Gewerbepark und Einzelhaussiedlungen von Taastrup schon ein Trabantenort von Kopenhagen vorbei.

Die leichte und fröhliche Atmosphäre Kopenhagens nimmt Besucher sofort gefangen. Viele Attraktionen, hervorragende Kunstmuseen, Cafés und die besucher- und bewohnerfreundlich umgestalteten Quartiere beiderseits

Blick über Roskildes Hafen mit einem Wikinger-Langboot bis zum Dom

Farbenfrohe, mehrere Jahrhunderte alte Häuser säumen den Nyhavn in Kopenhagen.

des breiten Stroms durch den alten Stadthafen laden zu Erkundungen ein. Wenn's geht, jedoch bitte ohne Auto. Einbahnstraßen, Fußgängerzonen, eine begrenzte Anzahl von Parkplätzen in der Innenstadt und saftige Strafen bei Parkverstößen, dafür ein kompaktes historisches Zentrum, gut ausgebauter öffentlicher Nahverkehr und viele Angebote für Leihfahrräder machen die Entscheidung leicht. Das Fahrzeug ist in einem der Parkhäuser gut aufgehoben.

MIT SCHWUNG NACH SCHWEDEN

Früher pendelten Fähren in kurzem Takt vom Anleger an der Havnegade von Kopenhagen ins schwedische Malmö am östlichen Ufer des Öresunds. Das ist Vergangenheit, seit die fast 8 km lange (mautpflichtige) **Öresundbrücke** im Juli 2000 als kombinierte Straßen- und Schienenverbindung eröffnet wurde. Bei Amager gleich südlich von Kopenhagen geht es zunächst in einen 3,5 km langen Tunnel. Auf der Insel Peberholm im Öresund verläuft die Verbindung über rund 3 km ebenerdig an Land, bis sich das eigentliche Brückenbauwerk mit

*Die dänische Hauptstadt **Kopenhagen** belegt im Ranking der lebenswertesten Städte der Welt wiederholt einen Spitzenplatz. Bei einem Besuch wird schnell klar, warum.*

Weitere Details in der ADAC Trips App

Der Öresund mit der Insel Peberbolm in der Mitte und Kopenhagen im Hintergrund

einer zentralen Hängebrücke nahezu 8 km nach Schweden schwingt und südlich von Malmö das Festland erreicht.

Malmö ist die drittgrößte Stadt Schwedens und genießt dank seiner vielen exzellenten Restaurants einen ebensolchen Ruf unter Foodies. Doch auch sonst hat die muntere Metropole in der historischen Provinz Schonen einiges zu bieten, darunter interessante Architektur mit alten Burgen und einem »verdrehten« Wolkenkratzer, Livemusik von Oper bis Rock und Design- und Kunstmuseen vom Feinsten.

Die autobahnähnliche Europastraße 6 führt zügig durch ebene Landschaft mit Getreide- und leuchtenden Rapsfeldern nach Süden in die rund 30 Minuten entfernte Hafenstadt **Trelleborg**, die per Fähren mit Rostock, Travemünde, dem polnischen Świnoujście und Klaipėda in Litauen verbunden ist. Wer etwas mehr Zeit übrig hat, kann bei Vellinge einen Abstecher auf der Provinzstraße 100 zur Halbinsel **Falsterbo**

***Malmö**, einst ein wichtiger Werftstandort, hat sich zu einer pulsierenden Kulturmetropole entwickelt.*

Weitere Details in der ADAC Trips App

unternehmen. Munteres Strandleben und herrliche Naturstrände am Öresund lohnen den kleinen Umweg. Für Familien mit Kindern bringt im Sommer ein Stopp auf halber Strecke in Fotevikens Vikingamuseum viel Freude. Im rekonstruierten Wikingerdorf zeigen Bogenschützen und Handwerker, wie es in Siedlungen vor knapp 1000 Jahren ausgesehen haben mag.

Malmö Saluhall

In der großen Markthalle, früher ein Güterbahnhof, gibt es Sandwiches, Austern, Fisch und Fleisch, Salate und Bowls, tolles Gemüse und die beste Eiscreme weit und breit. Gibraltargatan 6, 211 18 Malmö, www.malmosaluhall.se

KURT WALLANDER LÄSST GRÜSSEN

Östlich von Trelleborg verschlankt sich die Europastraße 6 und führt als Nationalstraße 9 mit Blickkontakt zur Ostseeküste direkt nach **Ystad**. Die kleine Stadt kennt eigentlich jeder – weniger wegen der Fährverbindungen nach Świnoujście und Bornholm oder dem tollen Jazzfestival im Sommer, vielmehr verdankt Ystad seine Bekanntheit dem schwermütigen Kommissar Kurt Wallander, einer Romanfigur des Bestsellerautors Henning Mankell, der in der Umgebung der freundlich wirkenden Stadt um den gemütlichen Marktplatz Stortorget oft grausige Verbrechen aufklärt.
Schonen ist mit seinen fruchtbaren Böden und vergleichsweise vielen Sonnenstunden die landwirtschaftliche Schatztruhe Schwedens. Hier werden Getreide, Wurzelgemüse, Raps, Kartoffeln, Äpfel und vieles mehr angebaut. Kurz hinter dem Örtchen **Nybrostrand** mit seinen langen Stränden und vielen Ferienhäusern verlassen Sie die Nationalstraße 9 und zweigen auf den Östra Kustvägen, die Küstenstraße, ab. **Ale Stenar**, gleich südlich von Kåseberga an der Küste, gibt Archäologen noch immer Rätsel auf. Eine 70 x 20 m große Steinsetzung, geformt wie ein Schiffsrumpf, mag eine Grabanlage gewesen sein oder vielleicht ein Sonnenkalender. Gegen die Theorie von einem schwedischen Stonehenge spricht allerdings,

Ein Strand vom Feinsten, dazu kunterbunte Badehäuschen, laden auf der Halbinsel Falsterbo südlich von Malmö zum Baden ein.

 **Vyn**

Hohe Kochkunst auf dem flachen Land. Das Vyn gehört zu den besten Restaurants in ganz Skandinavien. Im angeschlossenen kleinen Boutique-Hotel kann man übernachten. Höga vägen 72, 272 92 Simrishamn, www.vynrestaurant.se

dass die Findlinge wohl im 6. Jahrhundert angeordnet wurden und damit deutlich jünger sind als die Steinformation in Südengland.

Die Fahrt führt weiter die Küste entlang, rechts gesäumt von Kiefernwäldern, links von fruchtbaren Feldern. In **Brantevik**, einem kleinen Fischerort, in dem sich viele Künstler niedergelassen haben, findet im Sommer ein Jazzfestival statt, ganz entspannt auf dem Sportplatz des örtlichen Fußballklubs. Ins Leben gerufen hat es der Jazzposaunist Nils Landgren, international bekannt als »The man with the red horn«.

VON ROSEN ZU ÄPFELN

Im nahen **Simrishamn** lässt es sich wunderbar durch kopfsteingepflasterte Gassen bummeln. Stockrosen schmücken viele der niedrigen Hauseingänge. Am Hafen liegen Fischerboote, doch inzwischen landen mehr Touristen als Fische in den Netzen. Entsprechend gut besucht sind die Cafés in der Storgatan. Begleitet von der Aussicht auf die Ostsee und Getreidefelder, geht es nun auf der Nationalstraße 9 nach Norden. Kurz vor Kvik sei noch ein kleiner Abstecher empfohlen: Biegen Sie hinter dem Tångdala Lönnkrog nach rechts auf den schmalen Stenshuvudsvägen zum **Nationalpark Stenshuvud** mit seinen Buchenwäldern, Erlensümpfen, Hügeln und kleinen Sandstränden ab. Schöne Spazierwege, ein Naturstrand und leckeres Gebäck zu frisch gebrühtem Kaffee in der nostalgischen Kaffestugan Annorlunden sind die Belohnung.

Wer **Kivik** wenige Kilometer weiter nördlich zwischen Ende August und Mitte September erreicht, wird mit einer anderen Belohnung empfangen. Zur Eröffnung des großen Apfelmarkts in Kivik wird von lokalen Künstlern ein riesiges, 100 m² großes Mosaik aus reifen Äpfeln gelegt. Vergängliche Kunst, die es aber schon ins »Guinness-Buch der Rekorde« geschafft hat.

*Das Ausstellungszentrum **Äpplets Hus** zeigt alles zum Anbau von 70 verschiedenen Apfelsorten auf den ausgedehnten Plantagen.*

Weitere Details in der ADAC Trips App

Ein Stück vor **Brösarp**, keine 10 km weiter, bieten sich reizvolle Blicke in die Landschaft, wobei nicht knallgelbe Rapsfelder gemeint sind – die gibt es auch anderswo in Schonen –, sondern die Hügellandschaft von **Brösarps Backar**, von Büschen, Bäumen und Gräsern bewachsene eiszeitliche Sandhügel, die vor rund 16 000 Jahren nach Rückzug der Gletscher entstanden sind. Richtige Sandstrände gibt es gar nicht weit entfernt in der weiten, lang gezogenen **Hanöbucht** – perfekt um ein Handtuch

Im Südosten Schonens erstreckt sich die sanfte Hügellandschaft von Brösarps Backar.

auszubreiten und ein erfrischendes Bad in der Ostsee zu nehmen.

Nach weiteren 40 km auf der Nationalstraße 19 durch eine sanft gewellte, weite Landschaft mit Feldern und Kiefernwäldern ist **Kristiansstad** erreicht. Am nordwestlichen Rand der beschaulichen Kleinstadt, die bis vor 350 Jahren noch zu Dänemark gehörte, dreht sich alles ums Wasser. Vattenrike, Wasserreich, heißt das 1225 km² große Biosphärenreservat mit Feuchtgebieten und Strandwiesen, schattigen Edellaubwäldern und sandigem, trockenem Ackerland. Ein Naturschutzareal, in dem Seeadler zu Hause sind und sich im Frühjahr bis zu 5000 Kraniche gleichzeitig ein lautstarkes Stelldichein geben. Übers Jahr verteilt sind rund 250 verschiedene Vogelarten im Wasserreich zu Hause (www.vattenriket.kristianstad.se).

Nur eine Dreiviertelstunde ist es von hier auf der E 22 bis nach **Karlshamn**, dem Ziel dieser Etappe. Auf dem Weg dorthin passiert die autobahnähnliche Straße zunächst die von vereinzelten Wäldchen unterbrochenen Felder. Kurz vor Bromölla taucht linker Hand der große und fischreiche See Ivösjön auf, bevor die Route das grüne Naturschutzgebiet Pestbacken durchquert. Beim Örtchen Valje ist rechts nicht allein die Ostsee nur wenige Hundert Meter entfernt, sondern auch die Grenze der Provinzen Schonen und Blekinge erreicht.

UMSTEIGEPUNKT
KARLSHAMN

Sehenswertes in der Umgebung

Einst bewachte ein Kastell auf einen Inselchen in der Hafenbucht die Einfahrt nach Karlshamn. Heute kann man im Sommer mit einem Ausflugsboot zu dem Eiland übersetzen, wo es auch ein Café gibt. Die hübsche Küstenstadt selbst empfängt Besucher mit einer malerischen Idylle aus bunten Holzhäusern und kopfsteingepflasterten Straßen. Beachtung verdient das im 17. Jahrhundert am zentralen Stortorget errichtete und später nach dem Kaufmann Asschier benannte, zweigeschossige Fachwerkgebäude Asschierska huset. Es war früher Rathaus und Gefängnis.

Wen es weiter hinaus zieht, kann mit Ausflugsbooten in den Schärengarten vor Karlshahmn fahren und auch zwei der fast 300 vorgelagerten Inseln erreichen.

AUSFLUGSTIPP

Angler aufgepasst! Nur 10 km westlich von Karlshamn winkt reiche Beute. Das Flüsschen Mörrumsån gehört zu den bekanntesten Lachs- und Forellengewässern Südschwedens. Eine Angelerlaubnis für den Tag ist schnell gekauft, und dann kann es schon losgehen. Die größten hier gefangenen Lachse sind fast 1 m lang. Weitere Infos unter www.sveaskog.se/morrum.

Angler im Mörrumsån

ZUR TOUR 5

In Karlshamn können Sie zur Tour 5 in umgekehrter Richtung nach Gotland und Stockholm umsteigen.

Das charmante Städtchen Karlshamn war im 19. Jahrhundert der Startpunkt vieler schwedischer Auswanderer nach Übersee.

ETAPPE 3

Von Karlshamn nach Kopenhagen

350 km ca. 7 ½ Std.   

Von Karlshamn fahren Sie die E 22 ein kurzes Stück zurück in westliche Richtung. Schon bei der Abfahrt nach Pukavik geht es nach rechts ab und begleitet von Feldern und Wäldern, auf der Nationalstraße 15 nach Norden. In der Umgebung des Örtchens Olofström nimmt die Zahl der Seen und kleineren Gewässer deutlich zu. Hier haben die Gletscher der Eiszeit tiefe Kerben in die Landschaft gefräst, die sich im Lauf der Jahrtausende mit Wasser füllten.

SCHWARZE STEINE UND MODERNE KLASSIKER

Bei **Lönsboda** ist schwarzem vulkanischem und im Aussehen dem Granit ähnlichem Gestein eine recht ungewöhnliche Ausstellung gewidmet. Es handelt sich um Diabas, dem Basalt in seiner Zusammensetzung eng verwandt, aber mehr als 250 Millionen Jahre älter. Bildhauer und Designer lieben das Gestein, das in Farbnuancen zwischen Hellgrau und Pechschwarz vorkommt. Er wurde sogar im Straßenbau verwendet. In einem Steinbruch beim Örtchen Hägghult, gleich westlich von Lönsboda in den »Schwarzen Bergen«, wurde das begehrte Gestein bis zu einer Tiefe von 75 m ausgebeutet. Alte Gerätschaften und halb verfallene Gebäude schaffen zusammen mit in der Landschaft verstreuten Kunstobjekten eine geheimnisvolle Atmosphäre (www.svartabergen.se). Auch in Kalmar, Osby, Kristiansstad oder Lund sind aus diesem Material gefertigte Skulpturen verschiedener Künstler zu finden.

Die Nationalstraße 15 streckt sich weiter nach Westen, durch eine leicht gewellte Landschaft mit vielen Teichen, kleinen Seen und Waldstücken.

Für Eltern mit kleineren Kindern könnte ein möglicherweise längerer Besuch des Lekoseum in der Briogatan von **Osby** unvermeidlich sein. Schließlich wurde das Unternehmen, dessen berühmtestes Produkt die beliebte BRIO-Holzeisenbahn werden sollte, vor über hundert Jahren in Osby gegründet. Im Lekoseum sind alle ausgestellt, spielen ist erwünscht (www.lekoseum.se).

Älmhult wiederum ist für echte IKEA-Fans fast jeden Umweg und einen Abstecher von der Route wert. Und

IKEA-Restaurant

Die klassischen *köttbullar* mit Preiselbeeren und Kartoffelpüree gibt's hier ebenso wie vegetarische Varianten. Nachmittags kann man sich zum »Äfterwork« bei Wein und Snacks treffen oder einen Sandwich Cake mit Schinken, Salat und Gemüse bestellen.
IKEA gatan 5, 343 36 Älmhult,
www.ikeamuseum.com/en/visit/restaurant

Knutscht da ein Elch? Auf »Elchsafari« kommt man den Tieren zumindest sehr nahe.

von Osby auf der Nationalstraße 23 nach Norden dauert der kaum mehr als 20 Minuten. Interaktive und reale Exponate, alte Kataloge und Möbel erzählen die Geschichte des schwedischen Möbelhauses und seines Gründers Ingvar Kamprad. Natürlich gibt es hier auch ein riesiges Einrichtungshaus und dazu ein Hotel, eingerichtet (natürlich) mit IKEA-Möbeln (www.ikeamuseum.com/de).

ZURÜCK ANS MEER

Markaryd, ein Ort mit rund 4500 Einwohnern, liegt auf der Strecke nach Westen, malerisch flankiert von zwei Seen, dem Lokasjön und dem Getesjön. Durch die Gemeinde fließt der fischreiche Lagan. Es ist ein Ort, um zur Ruhe zu kommen, beim Angeln oder Paddeln. Wer etwas mehr Nervenkitzel sucht, kann zur »Elchsafari« aufbrechen, die sich allerdings auf das Beobachten der großen Hirsche mit den ausladenden Schaufelgeweihen beschränkt. Den waldreichen Smalandet-Elchpark (www.smalandet.se) östlich von Markaryd können Besucher sogar auf einer halbstündigen Tour mit dem eigenen Pkw durchstreifen und als Zugabe noch einige mächtige Amerikanische Bisons bestaunen.
Weiter geht es nach Westen. Wieder begleiten Wälder und vereinzelte Gehöfte die Strecke. Ab und an ist der Fluss Lagan rechts durch die Blätter zu sehen. Der längste Fluss des südschwedischen

Hochlands bahnt sich ebenfalls seinen Weg nach Westen und mündet schließlich bei Mellbystrand in die Laholmsbucht und den Kattegat an der schwedischen Westküste.
Beim Kreisverkehr von Tjärby, kurz bevor sich die Nationalstraße 15 verbreitert, biegen Sie auf die schmalere, aber solide Landstraße weiter nach Westen ab. Bei Snapparp nehmen Sie für ein kurzes Stück die E 6 und verlassen die Autobahn wieder bei **Mellbystrand**. Dort führt der Kustvägen parallel zum Kattegat-Strand nach Süden. Doch eigentlich wäre es eine Sünde, den vielleicht schönsten Strand Schwedens rechts liegen zu lassen. Der Sandstrand, den man an einigen Abschnitten sogar mit dem Pkw befahren darf, erstreckt sich über gut 12 km und wird von einem Dünengürtel gesäumt.
Båstad, am südlichen Ende der Laholmsbucht, verströmt den Charme eines traditionellen schwedischen

Das Seebad Baståd lockte schon vor über 100 Jahren Sommerfrischler an seinen Strand.

Seebads, mit feinen Stränden, kleiner Meeresbrücke, gediegenen Unterkünften und guten Restaurants, dazu einige Golfplätze, Segelregatten und Tennisturniere. Hier kann man es sich, Liquidität vorausgesetzt, einige Tage gutgehen lassen.

MIKRONATION LADONIEN

Fahren Sie östlich von Båstad wieder auf die E 6 nach Süden. Von der Abfahrt Richtung Höganäs, nach knapp 30 km, führt die Provinzstraße 112 nach Westen auf die **Kullen-Halbinsel**. Vorbei an gut bestellten Äckern, folgen Sie dieser bis Tunneberga, um dann den Nörra Kustvägen und ab Brunnby den Bränneslyckevägen zu nehmen. Achtung: Verpassen Sie nicht den Abzweig rechts auf den Himmelstorpsvägen ein kurzes Stück hinter Brunnby und folgen Sie diesem, erst vorbei an Feldern, dann durch immer dichteren Laubwald, bis zum Hof Himmelstorp inmitten des **Kullaberg-Naturreservats**, das von zahlreichen Wanderwegen durchzogen ist. Am Hof können Sie parken und einem ganz besonderen Weg mit Ziel **Nimis** folgen. Er ist markiert, aber alles andere als bequem und sollte nur von erfahrenen, trittsicheren Wanderern unternommen werden. Schon 1980 hatte der Künstler und Hochschullehrer Lars Vilks begonnen, angeschwemmtes Treibholz zu abenteuerlichen Kunstwerken aufzutürmen. Als seine »Nimis«-Installation im Naturschutzgebiet abgerissen werden sollte, regte sich Widerstand, sogar von international bekannten Künstlern wie

*Wanderer dürfen sich im **Kullaberg-Naturreservat** auf spektakuläre Natur freuen.*

Weitere Details in der ADAC Trips App

 **Flickorna Lundgren På Skäret**

Einfach himmlisch, dieses große Gartencafé. Es gibt Torten und anderes Gebäck, lecker belegte Smörgås-Brote und einiges mehr.
Skäretvägen 19, 263 72 Nyhamnsläge,
www.flickornalundgren.se

Das Naturreservat Kullaberg mit seinen schroff ins Meer abfallenden Klippen ist ein herrliches Wanderrevier.

Joseph Beuys oder Christo. Vilks erklärte das Areal um sein Kunstwerk kurzerhand zum Staat Ladonien mit nomadischen Bürgern. Deren Zahl ist inzwischen auf mehr als 30 000 geklettert. Wer auf die etwas abenteuerliche Tour lieber verzichtet, fährt die gut ausgebaute Straße weiter bis **Mölle**. Die Straße in Richtung der spitz zulaufenden Halbinsel führt nun in eine spektakuläre Landschaft mit schroffen Klippen an der Steilküste und geheimnisvollen Felshöhlen. Der schmale Italienska Vägen durchquert das Gelände des Mölle Golfklubb und erreicht dann den Leuchtturm **Kullens fyr**, wo Sie grandiose Ausblicke auf den Kattegat und im Sommer ein Café erwarten.
Jetzt geht es zurück über Mölle und die Provinzstraße 111 entlang der südlichen Küste der Kullen-Halbinsel. Links begleiten Sie wieder gut bestellte Felder, rechts immer wieder Zugänge zu sandigen Strandbuchten am Kattegat. Bei Nyhamsläge wird sogar Wein angebaut. Weiter südlich folgt Höganäs, das für seine Keramikwerkstätten bekannt ist.
20 km dahinter kreuzt die E 4, der Sie in die Hafen- und Fährstadt Helsingborg folgen. **Helsingborg** liegt an der schmalsten Stelle des Öresunds, auf dänischer Seite gegenüber liegt Helsingør. Zwischen den beiden Städten pendeln in kurzen Abständen den ganzen Tag über Autofähren. Bevor es übers Wasser nach Dänemark geht, lohnen Helsingsborgs Stortorget mit den umgebenden schmalen Gassen und der 700 Jahre alte Festungsturm Kärnan eine Erkundung.

*Helsingørs **Schloss Kronborg**, einst eine kanonenbewehrte Festung, kontrollierte früher den Zugang von Nord- zur Ostsee.*

Weitere Details in der ADAC Trips App

KLASSIKER UND KUNST

Blickfang bei der 20-minütigen Überfahrt in die dänische Hafenstadt **Helsingør** ist Schloss Kronborg, berühmter Schauplatz in Shakespeares Drama »Hamlet«. Mit der Kulturværftet, einem coolen Kulturquartier auf dem umgestalteten Areal der alten Werftanlagen, und einem historischen Stadtkern mit vielen restaurierten Gebäuden schafft Helsingør eine ebenso spannende wie reizvolle Balance zwischen Vergangenheit und Gegenwart.
Parallel zur Küste des Öresunds verläuft die Landstraße 152 nach Süden. Beim Fischerdorf Humlebæk wäre es geradezu eine Sünde, das **Louisiana Museum of Modern Art** nicht zu besuchen. Mit seinen herausragenden Kunstwerken von 1945 bis heute und einem Skulpturenpark mit Blick auf den Öresund gehört es zu den besten Kunstmuseen der Welt (www.louisiana.dk).
Weiter geht es auf dem Fredensborgvej und dem Humlebækvej durch eine landwirtschaftlich ländliche Szenerie in Richtung **Fredensborg**. Das barocke Schloss und der dazugehörige Garten am malerischen Esrum-See werden noch von der dänischen Königsfamilie genutzt und sind bei deren Anwesenheit nur eingeschränkt zu besichtigen (www.kongeligeslotte.dk). Ganz anders sieht das bei **Frederiksborg** aus, nur

Ganz im Nordwesten der Kullen-Halbinsel leuchtet der Kullens fyr den Schiffen den Weg.

eine Viertelstunde auf der Nationalstraße 6 durch ein waldreiches Areal südlich des Esrum-Sees in **Hillerød** gelegen. Viele der Räume des sich spektakulär über drei Inseln ausbreitenden Wasserschlosses stehen zur Besichtigung offen (www.dnm.dk/de).
Nach Süden, in Richtung Kopenhagen, führt die Landstraße 201, der Kongevejen. Gleich südlich von Hillerød passiert diese den Store Dyrehave, ein ausgedehntes Wald- und früher königliches Jagdgebiet. Ein Stück weiter breitet sich das riesige Waldgebiet von Ravnsholt Skov aus, mit Lauf-, Mountainbike- und Reitstrecken durch dunklen Fichtenwald und vorbei an Moorflächen, auf denen gelbe Schwertlilien blühen. Doch ein letzter Stopp muss sein. Bei **Lyngby** zeigt das Frilandsmuseet mit mehr als 50 Bauernhöfen, Häusern, Scheunen und Windmühlen anschaulich, wie die Menschen zwischen 1650 und 1940 auf dem Land gelebt und gearbeitet haben. Lyngby ist eigentlich schon ein Vorort von **Kopenhagen**. Von hier sind es auf dem Kongevejen und der Nationalstraße 19 nur noch 15 km ins Zentrum der dänischen Hauptstadt und zum Endpunkt dieser Tour.

Hotel Skt. Petri

Cooles Hotel in einem früheren Kaufhaus. Große, helle Lobby mit viel Grün und integriertem Frühstücksrestaurant. Schicke Dachterrasse. Krystalgade 22, 1172 København, www.sktpetri.com

Knallgelbe Rapsfelder sind ein häufiger Begleiter auf der Fahrt durch Schonen.

TOUR 3

In der Welt der Schären

Schwedens Kattegat- und Skagerrakküste

Nördlich von Göteborg liegt Schwedens Westküste nicht mehr im Windschatten vom dänischen Jütland. Dafür ist das Klima zwischen der schwedischen Metropole und der Grenze zu Norwegen weiter nördlich vom Golfstrom beeinflusst und dadurch wärmer, als es der Breitengrad vermuten lässt. Bohuslän heißt die westlichste Provinz Schwedens, der Schärengarten vor der Küste umfasst mehr als 8000 Inseln und Granitbuckel, die aus dem Wasser ragen. Fischfang spielt hier eine große Rolle, die Hummer gehören zu den schmackhaftesten der Welt. Das Kunstangebot reicht von Felsritzungen aus der Bronzezeit bis zum Aquarellmuseum von Skärhamn.

Siehe Seite 95

Fjällbacka, ein Fischerort wie aus dem Bilderbuch, an der schwedischen Kattegatküste

Die Tour auf einen Blick

ORTE ENTLANG DER ROUTE

1. Göteborg – Marstrand – Skärhamn – Fiskebäckskil – Lysekil – Fjällbacka

2. Fjällbacka – Tanumshede – Strömstad – Uddevalla

3. Uddevalla – Vänersborg – Trollhättan – Alingsås – Göteborg

KILOMETER
ETAPPE 1: 245 KM
ETAPPE 2: 152 KM
ETAPPE 3: 173 KM

Navigation und GPX-Download

REINE FAHRTZEIT
ETAPPE 1: 4 ¾ STUNDEN
ETAPPE 2: 2 ½ STUNDEN
ETAPPE 3: 3 STUNDEN

ETAPPE 1

Von Göteborg nach Fjällbacka

245 km ca. 4 ¾ Std.   

Die gute Infrastruktur, eine lebendige Restaurant- und Barszene sowie ein reiches Kulturangebot machen die zweitgrößte Stadt Schwedens, **Göteborg**, zum idealen Startpunkt – und auch Endpunkt – für eine Erkundung der schwedischen Westküste bis zur norwegischen Grenze.

ZWISCHEN FLUSS UND FJORD

Die mehrspurige E 45 führt nach Nordosten aus dem Zentrum von Göteborg heraus, parallel zum Unterlauf des Flusses Göta älv. Links an dessen Ufer ist die Oper der Stadt zu sehen. Hier legen viele Fähren zu den Schären ab und auch die nostalgischen schmalen Kanalschiffe, die über das »blaue Band«, ein System von Flüssen, Seen und Kanälen, Passagiere quer durchs Land ganz gemütlich bis nach Stockholm bringen. Kurz hinter der Oper ragt ein 22-stöckiges rot-weißes Hochhaus in den Himmel, das wegen seiner Form und Farben nur als »Lippenstift« bekannt ist. Gleich beim Autobahnkreuz Karlstad geht's runter von der E 45 und weiter auf dem Gamlestadsvägen und dem Agnesbergsvägen nach Norden. Das Gewerbegebiet nahe der Stadt wird bald abgelöst von Büschen und Bäumen, links bleibt der Göta älv als Wegbegleiter. Bei Agnesberg geht es noch einmal ein paar Kilometer auf die E45, die Sie bei Bohus wieder verlassen und über die Jordfallsbron den Fluss überqueren. Beim Kreisverkehr dahinter zweigen Sie rechts ab zur **Bohus Fästning**, den Überresten einer mehr als 700 Jahre alten Festung, die mehrfach in dänischem, später aber in schwedischem Besitz war. Über die Strandgatan ist bald die Kreuzung mit dem Marstrandsvägen, der Provinzstraße 168, erreicht, die begleitet von Feldern und Waldstücken nach Westen an die Küste führt.

Sjöbaren

Eine der besten Fischadressen Göteborgs im gemütlichen Altstadtviertel Haga. Im Sommer wird im kopfsteingepflasterten Innenhof serviert. Haga Nygata 25, 413 01 Göteborg, www.sjobaren.se

*Der **Göta-Kanal** wurde als Passage quer durch Schweden vom Kattegat zur Ostsee angelegt, um den Öresund zu umgehen. Heute ist er ein beliebtes Gewässer für Ausflugsboote und Freizeitkapitäne.*

Weitere Details in der ADAC Trips App

Bllick über die Dächer Göteborgs mit der Oscar Fredriks kyrka und der Masthuggskyrkan auf einer Anhöhe im Hintergrund.

HOTSPOT FÜR SEGLER UND PARADIES FÜR FEINSCHMECKER

Beim Aussichtspunkt Kockholmen verlässt die Straße das Festland und schwingt sich über Brücken von Insel zu Insel, bis sie schließlich den Seglerort **Marstrand** erreicht. Nur rund 1500 Einwohner leben in dem kleinen, beschaulichen Ort, der sich über zwei von einer Fähre verbundene Inseln 30 km nördlich von Göteborg erstreckt. Doch im Sommer vervielfacht sich die Einwohnerzahl, denn Marstrand gehört zu den Segelmetropolen des schwedischen Königreichs. In den Marinas liegen Motor- und Segelboote dicht an dicht, bei Sonnenschein herrscht fast eine mediterrane Atmosphäre. Gepflegte, aus Holz erbaute und in hellen Farben bemalte Sommerhäuser säumen die schmalen und wenigen Inselstraßen. Traditionell werden sie nicht verkauft, sondern in den Familien von einer Generation an die nächste vererbt. Dazwischen gibt es Geschäfte mit geschmackvollem Kunsthandwerk, kleine

Über dem malerischen Küstenort Marstrand thront die Festung Carlsten.

Cafés und Restaurants. Marstrand gilt nicht umsonst als einer der schönsten Orte entlang der langen schwedischen Küste. Im Sommer führen als Soldaten mit Spieß und Harnisch kostümierte Fremdenführer durch die gewaltige **Festung Carlsten**, die schon Mitte des 17. Jahrhunderts auf dem höchsten Hügel von Marstrand erbaut wurde. Hier war lange Jahre auch Lasse-Maja eingekerkert, eine Art schwedischer Robin Hood, der als Frau verkleidet den Armen gab, was er den Reichen stahl.

 **Grand Tenan**

Das Restaurant im Grand Hotel Marstrand, einem stimmungsvollen Holzgebäude von 1892, serviert schwedische Küche mit viel frischem Fisch. Die Gerichte werden meist nach alten Rezepten zubereitet. Es gibt auch eine legendäre Bar.
Rådhusgatan 2, 442 67 Marstrand,
www.grandmarstrand.se/restaurang-tenan

Auch wer Muscheln, Krebse, Hummer oder frisch geangelten Fisch auf dem Teller mag, ist hier genau richtig. Jakobs- und Miesmuscheln, Kaisergranat, eine Art Scampi, dazu der nordische, überaus schmackhafte Hummer, werden direkt vor der Küste rund um Marstrand aus dem Meer gezogen. Lachs, Hering und andere Meeresfische dürfte man kaum irgendwo anders frischer und besser zubereitet serviert bekommen als hier. In den Küstengewässern gedeihen selbst Austern, die viele mit einem kräftigen Messer geöffnet, zu einem Glas Weißwein direkt auf den Schärenfelsen genießen.
Und wer nicht segeln möchte, kann die idyllische Schärenlandschaft mit ihren buckligen Felsen und von einigen Kiefern und Moosen bewachsenen kleinen Inseln vom Wasser aus erkunden. Kajakverleiher bieten Kurse und Touren an, mit und ohne Picknick in der Natur.

IM SCHÄRENGARTEN AM SKAGERRAK

Von Marstrand ist es nicht weit nach **Skärhamn**. Mit dem Boot durch die Schären sowieso nicht, auch mit dem Auto sind die rund 55 km über schmale, aber gut gepflegte Straßen und durch

Der kleine Ort Skärhamn auf der Insel Tjörn hat erstaunliche Kunst zu bieten.

eine weite Landschaft mit Birken- und Kiefernhainen in einer Stunde zurückgelegt. Es geht zunächst zurück auf die Provinzstraße 168 und den Vävra Korsvag, dann auf den Jörlandavägen, die Provinzstraßen 160 und 169. Skärhamn schmückt sich mit einem besonderen Kunstmuseum, das seinen Schwerpunkt auf Bilder mit Wasserfarben legt, direkt an der Küste und mit eigenem Bootsanleger: Das wunderbare Nordische Aquarellmuseum präsentiert eine Sammlung von Bildern rund um die Themen Wasser und Meer, die dem Betrachter das Herz öffnen (www.akvarellmuseet.org/en).

Von Insel zu Insel führt die Route weiter nach Norden. Die Strecke von knapp 70 km bis nach **Fiskebäckskil** lässt sich eigentlich in etwas mehr als einer Stunde bewältigen. Wer langsamer fährt, um sich an der einsamen Landschaft mit den von der Eiszeit rund geschliffenen und teilweise von Büschen und Kiefern bewachsenen Felsbuckeln zu erfreu-

Vatten Restaurang & Kafé

Leichte schwedische Küche und wunderbare Auswahl von Meeresfrüchten im Restaurant des Aquarellmuseums mit Terrasse direkt am Wasser. An Sommerwochenenden Live-Jazz. Södra Hamnen 6, 471 32 Skärhamn, www.akvarellmuseet.org/en/visit/eat

en, genießt die immer wieder neuen Ausblicke auf die Küstengewässer mit Dutzenden eingesprenkelten Eilanden etwas länger.

Vom Anleger im Fischerörtchen Fiskebäckskil legen Urlauber und Ausflügler mit erfahrenen Hummerfischern zu mehrstündigen Touren in die Schären ab. Zwischen Ende September und April geht es auf »Hummersafari«. Reusen werden aus 25 m Tiefe mit einer Winde nach oben gehievt. Bläulich-schwarze Hummer klappen ihre gefährlich aussehenden Scheren auf und zu. Nur ausgewachsene Tiere sind für den Fang erlaubt, alle anderen kommen zurück ins Meer. Die Spezialitäten der Restaurants im Ort sind kein Geheimnis: schmackhafter Hummer und pikante Fischsuppen.

Lysekil, nur wenige Kilometer nördlich von Fiskebäckskil, ist mit der Fähre für Fußgänger und Fahrräder in weniger als einer halben Stunde erreicht. Mit dem Auto dauert es mindestens doppelt

 **Brygghuset**

Die Spezialität sind Hummer, frisch gefangen und als köstliche Suppe oder im Ganzen mit einer Aioli und Meerrettich oder gratiniert serviert. Daneben gibt es auch Beef Tatar und gute Steaks.
Fiskebäckskilsvägen 28, 451 78 Fiskebäckskil, www.brygghusetkrog.se

Von Insel zu Insel führt die Route immer weiter nach Norden.

 **Strandflickornas Havshotell**

B&B und zwei behaglich eingerichtete Holzhäuschen auf Pfählen direkt am Wasser. Der »Badepavillon« mit großer Glasfront zum Meer, Terrasse mit Jacuzzi und Sauna ist am begehrtesten. Turistgatan 13, 453 30 Lysekil, www.strandflickorna.com

so lange: Über den Fiskebäckskilvägen und die Provinzstraße 161 geht es erst um den halben Gullmarsfjord, um bei Skår mit der kleinen Autofähre nach Finnsbo auf der anderen Fjordseite überzusetzen. Von dort sind es auf der Provinzstraße 162 nur noch wenige Fahrminuten bis **Lysekil**. Das Städtchen von rund 8000 Einwohnern präsentiert sich weniger touristisch als andere Hafenorte, mit einer schönen Promenade am Meer, aber auch mit weniger attraktiven Wohn- und Gewerbegebieten. Gleichzeitig scheint die Luft hier salziger zu sein als anderswo. Lysekil ist nur noch durch einige Schäreninseln vom offenen Wasser des Skagerrak entfernt. Kein schlechter Ort für das Meeresaquarium Havets Hus, nicht weit vom felsigen Naturreservat Stångehuvud. Verteilt auf 30 Becken wird hier die marine Unterwasserwelt von Kattegatt und Skagerrak mit ihrem Reichtum an Fischen und Säugetieren vorgestellt (www.havetshus.se).

Von Lysekil führt die Provinzstraße 162 zwischen einer buckligen, kiefern- und birkenbestandenen Felslandschaft nach Norden. Folgen Sie nach gut 20 km der abzweigenden Provinzstraße 171 nach Westen, dann, kurz hinter dem Zufluss zum Åby-Fjord, der schmalen Provinzstraße O 900 nach Nordwesten.

Wenn Sie Lust auf einen kurzen Abstecher haben, können Sie stattdessen der nach Süden abknickenden Provinzstraße 171 folgen und erreichen nach nur 3 km den Wildpark **Nordens Ark**, die Arche des Nordens. Jede Menge zutrauliche Järmtland-Ziegen und schwedische Orust-Hühner tummeln sich hier. Uhus, Bartkäuze oder Luchse sind schon scheuer. Die Tiere, meist aus Skandinavien und oft vom Aussterben bedroht, werden nicht in Käfigen ausgestellt, sie leben in einer möglichst natürlichen Umgebung. Der private und gleichzeitig gemeinnützige Zoo päppelt auch verlassene Jungtiere auf, die später in die Freiheit entlassen werden. Beliebt sind die Sommercamp-Programme für Kinder und Jugendliche, die bei halb- bis zweitägigen Expeditionen den Park und seine Tiere näher kennenlernen (www.nordensark.se).

Folgen Sie nach dem kurzen Ausflug der Provinzstraße O 900 durch zuweilen von Lichtungen aufgelockerten Buschwald weiter nach Westen bis zum Ende des Bottne-Fjords. Die dahinter folgende Strecke nach Norden ähnelt immer wieder einer schwedischen Bilderbuchlandschaft, mit buckligen Felsen, die über die Wipfel der sie umgebenden Bäume hinauslugen. Dazwischen einzelne Gehöfte mit roten Dächern und an den Buchten und Fjorden Siedlungen mit verschachtelten Häuschen.

Hamburgsund, nicht verwandt oder irgendwie verbandelt mit der norddeutschen Hafenmetropole, erstreckt

Trügerisches Idyll? Etliche Krimis sind in Fjällbacka angesiedelt.

sich zu beiden Seiten einer Meerenge zwischen dem Festland und der Insel Hamburgö, die durch eine kostenlose Autofähre miteinander verbunden sind. Auf der Meeresseite der Insel gibt es mehrere Badeplätze mit freier Aussicht von den Felsen auf das Labyrinth der Schären, zwischen denen Segelboote hin- und herkreuzen.

Der Kustvägen führt von Hamburgsund in einer Viertelstunde bis nach **Fjällbacka**. Das pittoreske Fischerdorf mit rund 1000 Einwohnern ist für seine Fischertradition, als beliebter Ferienort und als Schauplatz für Kriminalromane der hier geborenen Autorin Camilla Läckberg bekannt. Vom Vetteberget, einem 74 m hohen Felsbrocken, bietet sich ein fantastischer Blick über den Ort jenseits der steilen Klippen mit seinen weißen und farbigen Holzhäusern, den schmalen Gassen sowie die Marina und die vorgelagerten Inseln.

 **Pipershuset**

Kaffee gibt es hier, Gebäck und ein respektables Brotsortiment, doch die langen Schlangen vor dem Holzhaus nicht weit von der Fähre zur Insel Hamburgö sind der leckeren Eiscreme geschuldet. Parkvägen 4, 457 45 Hamburgsund, www.pipershuset.se

Bucklige, mit Heide und niedrigem Buschwerk bewachsene Felsen säumen die Inseln und Gewässer an der Skagerrakküste.

ETAPPE 2

Von Fjällbacka nach Uddevalla

⟷ 152 km ca. 2½ Std.   

Auch die folgende Wegstrecke in Richtung Norden wird von einem der Küste vorgelagerten Schärengarten begleitet, mit Hunderten größerer bis winziger Inseln, die sich wie graugrüne Tupfen im Meer verteilen. Folgen Sie der Provinzstraße 163 durch die dünn besiedelte, mal baumreiche, mal karg-schöne Landschaft nach Norden. Immer wieder sind kleine, landwirtschaftlich

Unschwer zu erkennen: Grebbestad ist ein Ort der Freizeitsegler.

genutzte Flächen zu sehen, wie eingeklemmt zwischen flachen Granitbuckeln. Kurz vor Tanumshede liegt mit **Grebbestad** ein weiterer touristischer Hotspot am Weg. Eine Gästemarina mit vielen Liegeplätzen, die benachbarte Ferienanlage TanumStrand, Cafés und Restaurants sind in den Sommermonaten bestens besucht. Da in Norwegen ein höheres Preisniveau herrscht, zieht es nicht wenige Norweger in den für sie brieftaschenfreundlichen Urlaubsort.

 **Everts Sjöbod B&B**

Geschmackvolles modernes B&B in herrlicher Lage am Wasser, kleiner Strand. Das Museum Vitlycke ist nur wenige Fahrminuten entfernt.
Grönemadsvägen 61, 457 95 Grebbestad,
www.evertssjobod.se

VON AUSTERN ZU ALTEN MEISTERN

Auch wenn der Fischfang noch eine wichtige Rolle spielt, ist die große Zeit der Heringe auch in Grebbestad Vergangenheit. Heute geht es eher um Austern. Neun von zehn wild gefangenen Krustentieren kommen in Schweden aus dem kleinen 1400-Einwohner-Örtchen weit im Norden der Skagerrakküste. Die Austern wachsen im kalten Wasser nur langsam, für viele die Grundlage für ihren delikaten Geschmack. Die nordische Meisterschaft im Austernöffnen beschließt die Austernsaison, die von September bis Mai reicht. Amateure und Besucher können sich auf »Austernsafaris« oder speziellen Kursen in diese Kunst einführen lassen. Die Region um **Tanumshede**, keine zehn Minuten entfernt, ist voll mit Hunderten von Zeichnungen und Felsritzungen aus der Bronzezeit. Die

 **Sjögrens i backen**

In der Bäckerei und Konditorei mit Café gibt es Kleinigkeiten zum Frühstück (bis 11 Uhr) und Lunch. Das leckere Gebäck hat eine große Fangemeinde. Den Kaffee gibt's zum Nachschenken.
Nedre langgatan 34, 457 72 Grebbestad,
www.sjogrensibacken.se

kunstvollen Belege, dass hier schon vor 3000 bis 4000 Jahren Menschen gelebt haben, sind inzwischen in die UNESCO-Liste des Welterbes aufgenommen. Die stilisierten Abbildungen von Jägern, von Schiffen, sogar von sich Liebenden bei einem Kuss, aber auch von Kriegern mit Äxten und Speeren sind gut zu erkennen, da die Felsritzungen rot eingefärbt sind.

*Das **Vitlycke Museum** bei Tanumshede informiert anschaulich über die Lebenswelten in der Bronzezeit und das Welterbe Tanum.*

Weitere Details in der ADAC Trips App

Weiter geht es auf der Provinzstraße 176, die zwischen Küste und der E 6, aber gemütlicher als diese, nach Norden strebt und durch eine wenig besiedelte, von Nadelwald und Birken bewachsene Landschaft führt, aus der immer wieder bucklige kahle Felsen herausragen.

AN DER NORWEGISCHEN GRENZE

Kurz hinter **Strömstad**, dem munteren Hafenstädtchen von rund 10 000 Bewohnern in seinem direkten Einzugsbereich, schneidet der Svinesund tief ins Land ein. Er markiert die Landesgrenze zum Königreich Norwegen.
Vom Hafen in Strömstad legen die Kosterbåtarna genannten Fährschiffe zu den Inseln des idyllischen **Nationalparks Kosterhavet** ab. Besucher erwartet eine vielfältige Natur, mit Wäldchen, Heideflächen und Hochmooren, in denen sogar Orchideenarten gedeihen. Wer den Felsbuckel von Valfjäll auf Sydkoster erklimmt, kann einen Rundumblick über den Inselarchipel genießen.
Ab jetzt folgt die Route der Provinzstraße 164 nach Süden und führt in einem weiten Bogen durch eine überwiegend mit Nadelbäumen bewaldete und wenig besiedelte Landschaft, bis die Provinzstraße 165 am lang gestreckten nördlichen Bullaresjön erreicht ist. Der See ist mit dem ebenfalls fischreichen südlichen Bullaresjön durch einen gut 1 km langen Bach verbunden. Zusammen sind beide Seen über 30 km lang. Über das Dorf **Dingle** gelangen Sie bald

Lust auf absolute Ruhe? Dann auf zu einem Ausflug in den Nationalpark Kosterhavet.

zur E 6, der Sie knapp 40 km folgen. Beim Autobahnkreuz Saltkällemotet können Sie auf die parallele O 832 ausweichen, beide führen durch eine nur leicht gewellte, landwirtschaftlich genutzte Ebene mit Birken und Buschwald. In der Ferne sind rechts und links bewaldete moderate Hügelketten, Seen und Teiche zu erkennen. Nur 10 km weiter nach Süden überspannt die E 6 auf der spektakulären Uddevallabron, einer von zwei Pylonen getragenen Schrägseilbrücke, den Sunningesund und Byfjorden. In **Uddevalla**, mit 50 000 Einwohnern größte Stadt und wichtiger Gewerbestandort der historischen Provinz Bohuslän an der Mündung des Flusses Bäveån in den By-Fjord, lohnt sich zumindest ein kurzer Zwischenstopp. Bei Bohusgården südlich des Hafens hat man nicht nur einen fantastischen Fernblick auf die Uddevallabron, hier verläuft auch eine schöne Strandpromenade, die sich fast 10 km von Uddevalla bis zum Badegebiet bei Lindesnäs erstreckt und an einigen Stellen in den Felsen über dem Wasser hängt.

Die Uddevallabron ist ein ästhetisches, fast filigran wirkendes Meisterwerk der Brückenbaukunst.

ETAPPE 3

Von Uddevalla nach Göteborg

173 km ca. 3 Std.   

Sie verlassen Uddevalla auf der von Busch- und Nadelwald gesäumten Nationalstraße 44 und folgen am Verkehrskreuz Båberg der E 45 nach Norden. Nach rund 30 km erreichen Sie **Vänersborg** an der Südspitze des riesigen **Vänern**. Das binnenmeergroße Gewässer misst genau 5650 km² und ist damit bald zehnmal so groß wie der Genfer See oder der Bodensee.

AUTOKLASSIKER UND WASSERSPEKTAKEL

Durch Vänersborg geht es in einem weiten Bogen auf dem Östra Vägen über den von Felsen und Wald eingefassten Fluss Göta älv. Das Ufer begrenzen von der letzten Eiszeit rund geschliffene Granitbuckel, auf denen sich einige Kiefern und Birken festkrallen. Dahinter folgen Sie der Ausschilderung nach **Trollhättan**, vorbei am kleinen Flugplatz, bis zu den Schleusenanlagen und dem Wasserfall.

Slusscaféet

In den Sommermonaten öffnet der Fußballklub Skoftebyns IF sein Café direkt am Schleusenkanal. Ein toller Ort, um auf der Terrasse einen Kaffee oder ein Eis zu genießen.
Slussledsvägen 5, 461 34 Trollhättan,
www.facebook.com/slusscafeet

Auf der linken Seite des Åkerssjövägen und parallel zum Åkerssjö-Kanal zeigt das **Saab Car Museum** mehrere Dutzend Oldtimer in einstigen Saab-Werkstätten (www.saabcarmuseum.se).
An der **Schleusentreppe** von Trollhättan, einem wichtigen Teil der Wasserstraße, die auf Flüssen, Seen und Kanälen quer durchs Land zwischen Göteborg und Stockholm führt, geht es wie im Fahrstuhl vier Mal jeweils rund 8 m in die Höhe, um den Höhenunterschied von Fluss und See auszugleichen. Für die Schiffe auf dem Kanal muss alles stimmen, Präzisionsarbeit ist gefragt. In den Schleusenkammern bleiben an beiden Bootsseiten oft nur wenige Handbreit Platz.
Über den Lasarettsvägen und den Gärdhemsvägen verabschieden Sie sich aus Trollhättan und nehmen dann die Nationalstraße 42 nach Süden.

*Im Sommer rauscht an den **Trollhättefallen** das Wasser des Göta älv über die 32 m hohen Fälle als Touristenattraktion in die Tiefe, ansonsten wird es über vier Kammern vom Vänersee in den Fluss geleitet.*

Weitere Details in der ADAC Trips App

Wenn es sich nicht gerade für Touristen in die Tiefe ergießt, wird das Wasser im großen Kraftwerk von Trollhättan zur Energiegewinnung genutzt.

Wieder dominieren akkurat bestellte Felder das Bild entlang der Strecke. In Sollebrunn kreuzt die Provinzstraße 190, der Sie nun Richtung **Alingsås** folgen. Ab und zu können Sie auf dem Weg durch den dichten Mischwald linker Hand einen Blick auf den See Anten und sein von Schilf bewachsenes Ufer erhaschen.

DARF'S EIN BISSCHEN LÄNGER SEIN?

Wenn Sie den **Vänern** noch näher kennenlernen wollen und einen knapp 180 km langen Umweg nicht scheuen, können Sie von Trollhättan auch eine Alternativstrecke bis Sollebrunn nehmen. Diese führt Sie auf der Nationalstraße 44 in einem Bogen zunächst nach Nordosten. Beim Rast-

Ein zauberhaftes Kleinod am großen Vänern: Schloss Läckö

platz Viggen biegt der Tunvägen, die Provinzstraße O 2559, nach links ab. Die schmale Straße folgt dem zerfransten bewaldeten Ufer des riesigen Vänern in gebührendem Abstand. Ab und an weisen Schilder an Stichstraßen nach links den Weg zu einsamen Badestellen am See. Folgen Sie der Straßen immer weiter Richtung Lidköping. Die Felder werden kleiner, gleichzeitig nehmen die Mischwälder mit vielen Birken zu, die Landschaft ist nicht mehr komplett eben, sondern leicht gewellt. Am Kreisverkehr vor der Stadt nehmen Sie die Ausfahrt zur Insel Kållandsö und zum **Schloss Läckö** aus dem 17. Jahrhundert. Das traumhaft auf einer kleinen Landzunge im Vänern gelegene, weiße

Vor den Toren von Alingsås lädt der See Mjörn zur entspannten Exkursion auf dem Fahrrad ein.

Barockschloss kann besichtigt werden, auch ein Schlossgarten gehört dazu (www.lackoslott.se).
Auf dem Weg zurück Richtung Lidköping können Sie sich an der Ullersbro-Brücke bei Brogstugans Café & Glass stärken oder Sie kehren in einem der vielen Cafés in Lidköping zur gemütlichen Fika ein. Der traditionsreiche Porzellanhersteller Rörstrand hatte hier seinen Sitz. Heute gibt es immerhin noch ein Outlet und ein Museum, das die Porzellangeschichte dokumentiert.
Begleitet von Getreide- und leuchtend gelben Rapsfeldern, bringt Sie die Provinzstraße 187 von Lidköping nach Stora Levene. Gleich dahinter biegt die Straße Genomfartsvägen nach rechts ab, die in den Rydavägen und hinter Helås in den Arentstorpsvägen übergeht. Rechts hinter den großen Feldern ist dichter Wald auszumachen. Kurz vor Nossebro erreicht die Straße die Provinzstraße 186, von der die Provinzstraße 190 Richtung Sollebrunn abzweigt und kurz darauf den fischreichen Nossan-Fluss überquert. Auf der zweispurigen Straße geht es dann die letzten Kilometer weiter nach Sollebrunn, wo Sie wieder auf die beschriebene Route stoßen.

KAFFEEPAUSE AM SEE

Alingsås am See Mjörn gilt als Fika-Hauptstadt des schwedischen Königreichs. Die gemütliche Kaffeepause, ohnehin ein nationales Kulturgut, wird hier besonders intensiv zelebriert. Rund 30 Cafés bieten im recht überschaubaren Ort mit kopfsteingepflasterten Straßen und alten Holzhäusern im Zentrum Kaffee mit passendem Gebäck und Keksen an. Nach dem allgemein anerkannten Motto »Nach der Fika ist vor der Fika« darf es auch mehr als eine Kaffeepause am Tag sein.
Das Städtchen bezaubert auch im tiefsten Winter. Davon sind auch Zehntausende Besucher überzeugt, die Anfang Oktober zum Festival »Lights in Alingsås« anreisen, das bis Ende November sechs Wochen lang die dunkle Jahreszeit in der Kleinstadt von rund 26 000 Einwohnern heller macht. Lichtinstallationen in Parks, illuminierte Häuserzeilen oder »gefühlige« Lichtspiele am Bahnhof haben Alingsås zur erleuchteten Metropole Skandinaviens werden lassen, die inzwischen sogar von der internationalen Vereinigung der Lichtdesigner ausgezeichnet wurde.
Über die E 20 erreichen Sie in einer Dreiviertelstunde **Göteborg** und sind damit am Ziel dieser Tour angelangt.

 **Ekstedts Bageri och Café**

Seit der Gründung 1886 ist das Ekstedts ein bevorzugter Platz für die gemütliche Kaffeepause. Neben hausgebackenem Brot gibt es leckere Kekse und zuckriges Gebäck, dazu frisch gerösteten Kaffee.
Drottninggatan 26, 441 30 Alingsås,
www.ekstedtsbageri.se

 **Avalon Hotel**

Stylish eingerichtet und superzentral am Kungsportplatsen. Von Mai bis September ist der Pool auf der Dachterrasse geöffnet.
Kungstorget 9, 411 17 Göteborg,
www.avalonhotel.se

UMSTEIGEPUNKT
GÖTEBORG

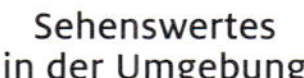

Sehenswertes
in der Umgebung

Die zweitgrößte Stadt des Landes hat sich zu einem angesagten Reiseziel entwickelt, mit einer exzellenten Restaurant- und Craftbeerszene sowie einem vielseitigen Kulturangebot. Viele der Attraktionen sind in der kompakten Innenstadt zu Fuß erreichbar.
Der breite Boulevard Kungsportsavenyen, nur kurz Avenyen genannt, zieht sich vom Kunstmuseum bis zu den begrünten alten Wallanlagen. Dazwischen, zwei Straßen abseits, zeigt das Röhsska Museum schwedisches Design und Kunsthandwerk aus vielen Jahrhunderten. Die World of Volvo am Mölndalsvägen etwas weiter südlich beleuchtet die industrielle Seite der Stadt, in der die bekannte schwedische Automarke 1927 gegründet wurde.

AUSFLUGSTIPP
Göteborgs Schärengarten umfasst eine Vielzahl kleinerer und größerer Inseln. Ausflugsdampfer steuern einige von ihnen regelmäßig an. Wunderbar lässt sich z. B. ein Tag auf **Hönö** in den nörd-

lichen Schären verbringen: Baden im Meer beim Leuchtturm, ein Kurztrip mit einem Fischkutter, ein Spaziergang beim Hafen oder eine Inseltour mit dem Leihfahrrad. Vom Anleger in Lilla Varholmen westlich der Stadt verkehrt eine kostenlose Fähre zur Insel, von der zentraleren Anlegestelle Stenpiren steuern manche Fähren direkt Inseln in den südlichen Schären an. Weitere Infos bei Västtrafik (www.vasttrafik.se/en).

Kungsportsavenyen mit der Poseidonstatue in Göteborg

ZUR TOUR 1, TOUR 2 UND TOUR 4
In Göteborg können Sie zur Tour 1 durch Dänemark umsteigen und haben über die E 6 bei Mellbystrand (150 km) Anschluss an die Tour 2 sowie über die in weiten Teilen autobahnähnliche Nationalstraße 40 Anschluss in Eksjö (220 km) an die Tour 4.

Von Göteborg ist es nicht weit auf eine der Inseln im Schärengarten.

TOUR 4

Schauplatz Schweden

Von Astrid Lindgrens Småland zu Inga Lindström in Sörmland

Småland im Südwesten Schwedens rund um Vimmerby und dessen Bewohner kennt eigentlich jeder. Zu verdanken ist dies Astrid Lindgren, die in ihren Kinderbüchern die Menschen und die Landschaft ihrer Heimat weltweit populär gemacht hat. Weiter nördlich erreicht die Tour den riesigen Vättern und den Göta-Kanal, dahinter die Seenlandschaft des Mälaren mit dem romantischen Schloss Gripsholm in Mariefred. Das Ziel der Tour ist schließlich die auf 14 Inseln erbaute Hauptstadt des schwedischen Königreichs, Stockholm, eine der attraktivsten Metropolen Europas und von der offenen Ostsee durch einen Schärengarten mit mehreren Tausend Inseln abgeschirmt.

Siehe Seite 133

Blick auf Stockholms Gamla Stan, die Altstadt und Urzelle der heutigen Metropole

Die Tour auf einen Blick

ORTE ENTLANG DER ROUTE

1. Oskarshamn – Vimmerby – Eksjö

2. Eksjö – Motala – Bergs slussar – Norrköping

3. Norrköping – Nyköping – Mariefred – Stockholm

KILOMETER
ETAPPE 1: 166 KM
ETAPPE 2: 199 KM
ETAPPE 3: 216 KM

Navigation und GPX-Download

REINE FAHRTZEIT
ETAPPE 1: 2 STUNDEN
ETAPPE 2: 3 STUNDEN
ETAPPE 3: 3¾ STUNDEN

ETAPPE 1

Von Oskarshamn nach Eksjö

166 km ca. 2 Std.   

Småland, nur Wälder und Seen? Die Hafenstadt **Oskarshamn** an der Schärenküste mit mehreren Tausend Inseln und Eilanden zeigt ein eher maritimes Bild. Hier starten Fähren nach Gotland und Öland, in mehreren Marinas liegen Hunderte Segelboote. Auch das hügelige Stadtzentrum hat seinen Reiz, mit schmalen Gassen und vielen Treppen.

IN PIPPIS WELT

Der Oskarshamnsvägen, der bald Venavägen und Vimmerbyvägen heißt, führt durch die bewaldete und leicht hügelige Landschaft von Småland in gut einer Stunde nach Vimmerby. Die gemütlichen Kleinstädte der Region und ihre Bauernhöfe, Hühnerställe, Villen und Burgen, Wälder, Hügel, Bäche und Seen sind allgemein bekannt. Die Menschen sprechen sich per Du und mit Vornamen an. Man ruft sie Michel, Kalle, Ronja, Lasse, Bosse, Lisa und Inga, Ole und Kerstin, Thomas und Annika, nur eine Einzige hat den merkwürdigen Namen Pippi, und eine andere, der die Welt die intime Kenntnis von diesem Teil Schwedens verdankt, nennt man Astrid. Von ihr kennen wir auch den Nachnamen, sie heißt Astrid Lindgren.

Vimmerby, einst ein traditionelles Zentrum für den Viehhandel, liegt nur rund 60 km von der Ostseeküste im Landesinneren, inmitten von dunklen Eichen- und frischgrünen Birkenwäldern, Feldern und spiegelglatten Seen. In der idyllischen Kleinstadt erblickte 1907 Astrid Ericsson, später weltberühmt als Astrid Lindgren, auf dem Hof Näs ihrer Eltern das Licht der Welt. Farbig angemalte Holzhäuser säumen, wie in vielen småländischen Ortschaften die

Herrliche Landschaft umgibt den Fährhafen Oskarshamn.

Willkommen in Vimmerby, dem Reich von Astrid Lindgren. Fehlt nur noch …

Straßen. Einige von ihnen, wie der Zinngießerhof, der Bürgermeister- oder der Hammerschildhof entlang der Storgatan, sind über 200 Jahre alt und stehen unter Denkmalschutz. Ganz Vimmerby und auch die Dörfer und Landschaften der Umgebung scheinen in den Büchern von Astrid Lindgren einen Platz gefunden zu haben. Die meisten Besucher von Vimmerby befinden sich denn auch auf den Spuren der Autorin, und sie werden fündig. In einem Nebengebäude ihres Geburtshauses, des alten Pfarrhofs Näs am nördlichen Ortsrand, zeigt eine Ausstellung bekannte und auch viele unbekannte Seiten aus dem Leben der nicht immer bequemen Autorin. **Astrid Lindgrens Värld** (www.alv.se), ein 100 000 m² großer Park mit den Figuren und Schauplätzen der Kinderromane, zieht die Besucher aller Altersschichten magisch an. In der Villa Kunterbunt, die auf Schwedisch Villa Villekulla heißt, treibt von Mai bis August eine rotzfreche Pippi Langstrumpf ihre Späße mit der Polizei und der Lehrerin. Das Äffchen Herr Nilsson guckt als Puppe aus dem Fenster, direkt auf

Astrid Lindgrens Näs *ist das Elternhaus der berühmten Autorin. Hier wuchs sie auf, bis sie mit 18 Jahren von zu Hause fortzog und nach Stockholm ging.*

Weitere Details in der ADAC Trips App

den schwarz gefleckten Schimmel vorm Haus. Natürlich treibt Michel aus Lönneberga seine Scherze; in der Scheune von Rasmus und Paradies-Oskar können Kinder herumtoben, auch eine Krachmacherstraße wartet auf die vielen Besucher. Alle Gebäude sind übrigens im Maßstab 1:3 erbaut, für Kinder genau richtig, Erwachsene fühlen sich etwas zu groß geraten.
Einen realen Ort Vimmerby gibt es in Småland auch noch, in dem fast 10 000 Menschen leben, umgeben von Wäldern zum Wandern und Seen zum Baden. Fahrradwege zwischen einem Dutzend und 70 km führen durch eine abwechslungsreiche Landschaft mit sanften Hügeln und passieren, nahezu unvermeidbar, den einen oder anderen Drehort der Pippi-Langstrumpf-Filme.
Auf dem Markplatz von Vimmerby sitzt eine bronzene Schriftstellerin an ihrer Schreibmaschine in einem stilisierten Arbeitszimmer. Die Statue wurde 2007, zum 100. Geburtstag von Astrid Lindgren, eingeweiht.

 **Stadsmästargården**

Gute-Laune-Mahlzeit in Astrid Lindgrens Welt in Vimmerby: Fleischbällchen mit Kartoffelpüree, Schellfisch mit gedünstetem Spinat oder der Kürbis-Linsen-Eintopf mit Ingwer und Frischkäse.
598 85 Vimmerby, www.astridlindgrensvarld.se/en

... Pippi Langstrumpf, die in Astrid Lindgrens Värld reichlich Schabernack treibt.

LAND DER KINDHEITSHELDEN

Echte Lindgren-Fans hält es nicht allein in Vimmerby. Auf den Spuren ihrer besten Astrid der Welt geht es auf Abstecher in die nähere Umgebung. Aus dem südwestlich gelegenen **Lönneberga** stammt nicht nur der zartfühlende Lausbub Michel, sondern auch der Karikaturist und Autor Albert Engström (1869–1940), der einmal gesagt hat, die Bauern der Region seien so arm und mager, dass nicht einmal Gras über ihren Gräbern gedeihen könnte.

In dem Dörfchen **Sevedstorb**, etwas weiter nördlich, stehen die drei Höfe – der Mittel-, der Nord- und der Südhof aus den »Bullerbü«-Bänden, in denen die kleine Lisa mit ihren beiden großen Brüdern Lasse und Bosse wohnte, tatsächlich. Im Film tobten die »Kinder aus Bullerbü« die Hauptstraße dieses Dorfes entlang. Hier verlebte der Vater von Astrid Lindgren seine Jugend.

Gibberyd mit dem Bauernhaus Katthult, 25 km westlich von Vimmerby, schließlich war in den 1970er-Jahren Drehort für »Michel aus Lönneberga« und sieht noch immer so aus wie damals. Der Weg dorthin lässt sich mit einem Besuch der Rumskulla-Eiche im Naturschutzgebiet Kvill verbinden. Der uralte Baum dürfte bereits in der Blütezeit der Wikinger um die vorletzte Jahrtausendwende Schatten gespendet haben. Heute ist der mächtige, von einem eisernen Band gestützte Stamm, der als der dickste in ganz Schweden gilt, eine beliebte Kulisse für unzählige Urlaubsfotos.

Hotell Vaxblekaregården

Traditionshotel in renoviertem Holzhaus aus dem 16. Jahrhundert. Die Zimmer sind klassisch-nostalgisch eingerichtet, und es gibt einen Garten und eine Terrasse.
Arendt Byggmästares Gata 8, 575 32 Eksjö, www.vaxblekaren.se

EINE STADT AUS HOLZ

Von Vimmerby führt die Nationalstraße 40 auf ihrem Weg nach Westen vorbei an tiefen Wäldern und zahlreichen der rund 5000 Seen und Teiche von Småland, ab und an unterbrochen von einer kleineren Ansiedlung.

Kurz vor **Eksjö**, das in einer Stunde erreicht sein kann, nimmt die Zahl der beackerten Flächen zu. Gut 10 000 Einwohner zählt die småländische Kleinstadt am malerischen Fluss Eksjöån. Mit den gelb, grau oder falunrot gestrichenen Fassaden ihrer vielen Holzhäuser, knapp 60 von ihnen sind als Kulturdenkmäler geschützt, kopfsteingepflasterten Straßen und gemütlichen Cafés vor allem in den baumbeschatteten Innenhöfen, ist die Stadt als idyllisches Kleinod weithin bekannt.

*Ein Naturerlebnis ist die 800 m lange, wilde Schlucht **Skurugata**, die man vor den Toren Eksjös durchwandern kann. Festes Schuhwerk für den Weg über Stock und Stein ist unbedingt zu empfehlen.*

Weitere Details in der ADAC Trips App

Beim Anblick des »Bullerbü«-Häuschens dürfte so manche Kindheitserinnerung wach werden.

UMSTEIGEPUNKT

EKSJÖ

Sehenswertes in der Umgebung

Wer durch die Stadt spaziert und sich an dem Anblick der vielen bunt gestrichenen Holzhäuser erfreut, mag kaum glauben, dass nach einigen verheerenden Brandkatastrophen in den zurückliegenden 300 Jahren die Stadt immer wieder aufgebaut wurde und so viel von der alten Holzarchitektur erhalten ist. Vor allem der Stadtteil nördlich vom Stora Torget mit seiner Ende des 19. Jahrhunderts (aus Stein) errichteten Kirche strahlt immer noch die gemütliche Atmosphäre der Gründerzeit aus. Nicht ohne Grund wird Eksjö auch die »Holzstadt« Schwedens genannt.

AUSFLUGSTIPP

Im Skullaryd Älgpark, rund 10 km nördlich auf der Nationalstraße 32, leben mehrere Dutzend Elche und Hirsche

Eksjö bezaubert mit seinen vielen Holzhäusern.

mit anderen Waldtieren in einem großen Gelände nahe dem Nordufer des Rosjön-Sees. Gut ist es, ein Fernglas dabeizuhaben, noch besser an einer »Elchsafari« mit Traktor und Hänger auf verschlungenen Waldwegen teilzunehmen (www.skullaryd-algpark.se).

Die Eksjö kyrka stammt aus dem 19. Jahrhundert.

ZUR TOUR 1 UND TOUR 3
In Eksjö können Sie über die Nationalstraße 4 nach Göteborg fahren (220 km) und zur Tour 1 durch Dänemark oder zur Tour 3 in die Schärenwelt an der schwedischen Westküste umsteigen.

Das schmale Flüsschen Eksjöån schafft ein Bilderbuchidyll in der Altstadt von Eksjö.

Bron
Bron

ETAPPE 2

Von Eksjö nach Norrköping

199 km ca. 3 Std. 

Im Abstand von rund 25 km zum mächtigen See Vättern führt die Nationalstraße 32 von Eksjö nach Norden. Wälder und Seen, dazwischen Wiesen, Kornäcker und Rapsfelder, ziehen vorbei. Kurz vor Motala bietet sich ein interessanter, kurzer Abstecher nach **Vadstena** am Vättern an. In einem Neubau bei der Abtei Pax Mariae, einem der Heiligen Birgitta gewidmeten Kloster, leben inzwischen wieder einige katholische Nonnen in dem sonst protestantischen Schweden. Die Gebeine der schwedischen Adelstochter, die erst als achtfache Mutter einen Orden gründete und 20 Jahre nach ihrem Tod 1373 heiliggesprochen wurde, sind in der Blåkyrkan, der gotischen Kloster-

Wunderbar erhalten ist Schloss Vadstena aus dem 16. Jahrhundert.

In Motala fließt der Göta-Kanal, hier Motala ström genannt, in den riesigen Vättern.

kirche, in einem silberbeschlagenen Schrein bestattet. Das 400 Jahre alte Schloss Vadstena, eine als Festungsanlage errichtete Wasserburg, stammt aus der Zeit des schwedischen Königs Gustav Wasa.

DIE HAUPTSTADT DES GÖTA-KANALS

In der Region um **Motala** wird der Boden wieder landwirtschaftlich intensiver genutzt. Die Stadt von gut 40 000 Einwohnern ist von mehr als 150 Seen umgeben. Die Wasserstraßen Motala ström bzw. der Göta-Kanal verbinden die beiden größten, den Vättern und den kleinere Boren. Am Kanal durch Motala erinnert der wuchtige Grabstein Baltzars von Platen an den hochdekorierten Seeoffizier, der den schwedischen König für den Bau der Wasserstraße begeistern konnte. Ziel war, den langwierigen Transport von Eisen und Holz zwischen der schwedischen Ost- und der Westküste um Südschweden herum abzukürzen und gleichzeitig die hohen Zölle der Dänen zu umgehen, die damals beide Ufer des Öresunds besetzt hielten. Ab 1810 begannen die Arbeiten, fertiggestellt war der 190 km lange Kanal aber erst mit dramatisch gestiegenen Kosten und

*Die kleine Stadt **Motala** blickt auf eine lange Industrievergangenheit zurück und war das Zentrum beim Bau des Göta-Kanals.*

Weitere Details in der ADAC Trips App

nach langem Verzug 1832. Für Krimifans interessant: Der Sjöwall-Wahlöö-Krimiklassiker »Die Tote im Götakanal« spielt in Motala.

SCHIFFSVERKEHR ZUM STAUNEN

Nur mit einer Vielzahl von Schleusen ist es möglich, auf Flüssen, Seen und Kanälen die idyllische grüne Mitte Schwedens auf einer geruhsamen Bootsfahrt von Göteborg bis Stockholm zu durchqueren. Die Schleusentreppe von **Borenshult** bei Motala überwindet mithilfe von fünf Schleusen eine Höhendifferenz von mehr als 15 m. Nach einer guten halben Stunde Autofahrt auf der Nationalstraße 34 um das Nordufer des Sees Boren werden der Motala ström und der gewundene Göta-Kanal wieder nach Süden überquert.
Nach rund 40 km fahren Sie von der Nationalstraße Richtung Ljungsbro ab und folgen der Ausschilderung nach Linköping. Beim Örtchen Berg, ein paar Kilometer weiter, münden beide Wasserläufe in den See Roxen, aber nicht ohne die Hilfe einer spektakulären weiteren Schleusentreppe, der **Bergs slussar** mit sieben zusammenhängenden Schleusen. Die Fallhöhe zwischen dem Jachthafen von Berg und dem See Roxen beträgt 18,8 m. Was für ein Anblick vom Kanalvägen oder Spazierwegen direkt am

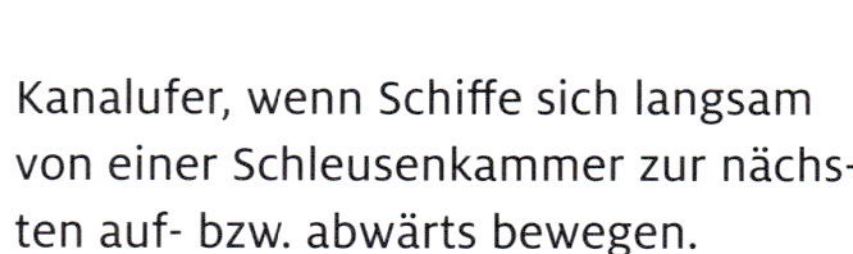

Kanalufer, wenn Schiffe sich langsam von einer Schleusenkammer zur nächsten auf- bzw. abwärts bewegen.

*Eine Stadt in der Stadt ist das Freilichtmuseuem **Gamla Linköping** mit zahlreichen Gebäuden, Geschäften, Werkstätten und Gärten aus alten Zeiten.*

Weitere Details in der ADAC Trips App

NEUES GEWAND FÜR ALTE INDUSTRIE

Kehren Sie zurück zur Straße nach **Linköping**, dessen modernes Zentrum Sie nach gut 10 km erreichen. Von den rund 165 000 Einwohnern der Stadt sind ein knappes Fünftel Studenten, entsprechend viele lockere Cafés, Restaurants und Bars erwarten Sie hier. Sehenswert sind der Dom, der weite Stora torget mit einem von Carl Milles entworfenen Brunnen und das Freilichtmuseum Gamla Linköping.

Imposant rauscht der Motala ström mitten durch die alte Industriestadt Norrköping.

Von Linköping geht es weiter nach Nordosten auf dem Linghemsvägen, den Provinzstraßen 210 und 215, von der Sie dann der Ausschilderung nach Norrköping folgen. Landwirtschaftlich genutzte Flächen und kleinere Waldstücke prägen die Landschaft. Etappenziel ist **Norrköping**, das alte Zentrum der schwedischen Textilindustrie. Aber auch Waffen, Papier, Tabak – es gab wenig, was in der früheren Industriemetropole nicht hergestellt oder verarbeitet wurde. Hilfreich war dabei die Wasserkraft. Und der wuchtige Motala ström donnert noch immer mit einem Gefälle von mehr als 20 m durch die Stadt auf dem Weg vom See Glan zur tief ins Land reichenden Ostseebucht Bråviken. In viele der restaurierten Industriegebäude sind neue Gewerbe eingezogen, andere wurden zu sehenswerten Museen umgestaltet, darunter das Stadtmuseum am Flussufer und das Arbeitsmuseum auf der Flussinsel Laxholmen.

Babettes Kafferi

Munteres Café mit eigener Bäckerei. Alles lecker, besonders im Sommer, wenn im begrünten Außenbereich serviert wird.
Stora Badstugatan 4, 582 23 Linköping,
www.babettes.se

ETAPPE 3

Von Norrköping nach Stockholm

216 km ca. 3 ¾ Std.    

Vom industriell geprägten Norrköping in Östergötland erreichen Sie in einer Stunde Nyköping in der historischen Provinz Södermanland. Nach wenigen Kilometern auf der E 4 fahren Sie auf den Strandvägen (Richtung Getå) ab und folgen diesem ein Stück am Nordufer des Bråviken-Fjords, einer von Wäldern gesäumten, tief eingeschnittenen Meeresbucht. Nach rund 5 km zweigt der Nyköpingsvägen nach Nordosten ab und schlängelt sich, teils parallel zur E4, durch waldreiches Gelände bis **Nyköping**. Die ländliche Szenerie rund um Nyköping mit gelegentlichen kleinen Seen ist deutschen Zuschauern vom TV-Dauerbrenner der Inga Lindström »Herzkino«-Filme

Die Hafenpromenade von Nyköping ist ein schöner Ort, um den Tag ausklingen zu lassen.

Die Wälder um Nyköping verzaubern im Herbst mit einem bunten Farbkleid.

bestens bekannt. Seit mehr als 20 Jahren lieben und trennen sich Pärchen in Nyköping und Umgebung, werden auf Schäreninseln und in den vielen Landschlössern Intrigen gesponnen und Versöhnungen gefeiert. Doch glücklicherweise kann man sich darauf verlassen, dass trotz aller Dramatik am Ende »nur die Liebe zählt«.

SCHAUPLATZ EINER LIEBE

Die Provinzstraße 223 führt nördlich von Nyköping durch eine beschauliche Landschaft von Wäldern, kleineren Feldern und Seen kurvenreich nach Norden direkt ins herrlich am Mälaren gelegene **Mariefred**. Der romantische Backsteinbau von **Schloss Gripsholm** mit seinen gedrungenen Türmen wurde schon 1537 unter König Gustav Vasa erbaut. Die schwedische Königsfamilie nutzt es noch heute gelegentlich. Kurt Tucholsky, der deutsche Zeitkritiker, Journalist und Autor, lebte einige Zeit in Mariefred im Exil, da er vor den Nazis aus Deutschland fliehen musste. Resigniert

  **Gripsholms Värdshus**

Gepflegte Herberge in einem der ältesten Gasthäuser des Landes, nicht weit vom Fähranleger nach Stockholm und Schloss Gripsholm. Drei Restaurants mit Gerichten aus lokalen und saisonal geernteten Produkten. Terrasse mit Blick auf den Mälaren. Kyrkogatan 1, 647 30 Mariefred, www.gripsholms-vardshus.se

Das malerisch am Ufer des Mälaren gelegene ***Schloss Gripsholm*** *hat Kurt Tucholsky zum Schicksalsort einer melancholischen Liebesgeschichte gemacht.*

Weitere Details in der ADAC Trips App

Ein Ausflug zur Insel Björkö ist eine Reise zurück in die Zeit der Wikinger.

über die Entwicklung in Deutschland setzte er 1935 seinem Leben ein Ende. Seine Asche liegt unter einer Grabplatte auf dem Friedhof des kleinen Ortes. Mit der Liebesgeschichte »Schloss Gripsholm« über den mehrwöchigen Sommerurlaub des Erzählers Kurt und seiner Freundin Lydia in Mariefred hat Tucholsky dem Schloss, dem Ort und der Liebe ein literarisches Denkmal gesetzt.

__Birka__, früher ein Handelsplatz der Wikinger, ist eine archäologische Fundgrube.

Weitere Details in der ADAC Trips App

GEMÜTLICH RICHTUNG HAUPTSTADT

Von Mariefred könnten Sie über die E 20 in rund einer Stunde nach Stockholm fahren, etwas länger dauert es auf der Provinzstraße 990 und den Nationalstraßen 225/226 über **Södertälje**. Dafür bleibt auch die Fahrt auf dem letzten Teilstück der Etappe bis in die Randbezirke der schwedischen Hauptstadt durch Wälder und vorbei an Feldern überwiegend gemütlich. Im Süden von Södertälje überqueren Sie auf der Saltsjöbron den Södertälje-Kanal, der den Mälaren mit der Ostsee verbindet.
Alternativ zur Straße zuckelt das Dampfschiff »Mariefred« seit mehr als 120 Jahren in dreieinhalb Stunden vom Anleger in Mariefred über den verzweigten See bis nach Stockholm, und das noch immer als Originalschiff.

WIKINGER IM MÄLAREN

Auch eine ganz besondere Sehenswürdigkeit im Mälaren lässt sich nicht mit dem Auto erreichen. Die frühere Siedlung Birka auf der Insel **Björkö** war vor mehr als 1000 Jahren eines der wichtigsten Handelszentren der schwedischen Wikinger. Die Nachbarinsel Adelsö war gleichzeitig Sitz eines Königshofs. In Birka wurden Waren aus ganz Europa gehandelt. Archäologische Funde, Palisadenreste, ein Burgwall und Grabbeigaben sind im Museum auf der Insel und in Stockholm im Staatlichen Historischen Museum ausgestellt. Die gesamte Anlage gehört heute zum UNESCO-Welterbe. Die Insel ist nur per Ausflugsboot von unterschiedlichen Häfen, z. B. mit dem Schiffsunternehmen Stromma (www.stromma.com) von Mariefred, Södertälje und Stockholm oder per Taxiboot zu erreichen.

STOCKHOLM

Seit bald 400 Jahren ist Stockholm die Hauptstadt des schwedischen Königreichs. Heute präsentiert sich die Metropole an der Ostsee entspannt, die historischen Zeugnisse aus Architektur und Kultur paaren sich mit Frische und Fröhlichkeit des schwedischen

Der Schärengarten Stockholms bietet wunderbare Möglichkeiten zum Wandern.

Meatballs for the People
Fleischklößchen von klassisch aus vielerlei Fleisch bis vegan, alles bio und sehr lecker. Dazu eine sehr gute Auswahl an Cocktails.
Nytorgsgatan 30, 116 40 Stockholm, www.meatball.se

Lebensstils. Auch auf dem Stortorget, dem ehemaligen Marktplatz der Altstadt, **Gamla Stan**, tobt bei kleinstem Sonnenstrahl das Leben auf Bänken, in Cafés und Restaurants. In der ehemaligen Börse ist das Nobelmuseum untergebracht. Zwischen Bauten mit gotischen Anklängen und dem Ambiente der Renaissance gibt es überall historische Spuren, Galerien und auch touristischen Klimbim zu entdecken. Das mächtige Stadtschloss mit 600 Zimmern wird heute vor allem als offizielle Adresse für Staatsgeschäfte genutzt.

Södermalm südlich des alten Zentrums hat sich zu einem angesagten Szenequartier mit Cafés, Boutiquen und Designgeschäften entwickelt. Auf der Stadtinsel **Djurgården** besitzt Stockholm mit dem Vasa Museet, in dem ein komplett erhaltenes, 400 Jahre altes Kriegsschiff ausgestellt ist, dem ABBA-Museum, in dem die Karrierehighlights, die Outfits, vor allem aber die Musik der Super-Popgruppe präsentiert werden, und dem Nordiska Museet zur Kultur und Volkskunst von Schweden und Samen die drei Top-Museen der Stadt.

Ausflugstipp und Roadtrip-Verlängerung: Die Küstengewässer zwischen der schwedischen Hauptstadt und der Ostsee sind mit rund 30 000 Inseln, Eilanden und Felskuppen gesprenkelt, ein Labyrinth, in dem ortsunkundige Segler ohne genaue Seekarten ver-

Hobo Hotel
Boutique-Hotel im Zentrum von Stockholm mit 200 skandinavisch schick eingerichteten Zimmern und eigenem Kunstkonzept. Es gibt auch ein Restaurant und eine Bar.
Brunkebergstorg 4, 111 51 Stockholm, www.hobo.se

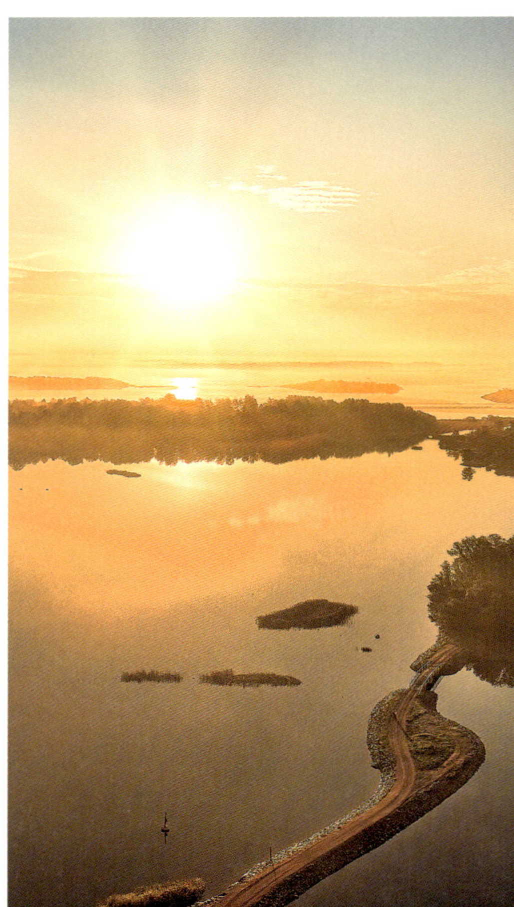

loren wären. Von den Anlegern am Strömkajen im Stadtzentrum pendeln verschiedene Fähren, meist von der Reederei Waxholmsbolaget, zu verschiedenen Inseln des ausgedehnten **Schärengartens** vor Stockholm. Je nach Entfernung kann man so Bootsausflüge zwischen 30 Minuten und eineinhalb Stunden unternehmen (weitere Infos unter www.waxholmsbolaget.se).

Wenn Sie noch etwas mehr Zeit mitbringen, empfehlen wir eine Verlängerung des Roadtrips nach Finnland: Rund 100 km nördlich starten im Fährhafen Kapellskär Schiffe auf die **Åland-Inseln**. Hier finden sich für die gesamte Region typische, wunderschöne Schärenlandschaften, deren Durchquerung mit dem Auto spektakuläres Naturpanorama bietet. Danach geht es entweder weiter auf einen Roadtrip durch Finnland, oder mit der Fähre zurück nach Stockholm.

Stockholm ist zwar Endpunkt dieser Tour, gleichzeitig beginnt hier aber auch die Tour 5, die Sie zu vielen sehenswerten Orten an der Ostseeküste und auf die Inseln Gotland und Öland bringt.

Spektakuläre Schärenlandschaft auf den Åland-Inseln zwischen Schweden und Finnland

Gamla Stan, der alte Kern von ***Stockholm****, war vor rund 800 Jahren die Keimzelle einer Stadt, die heute zu den schönsten in Europa zählt.*

Weitere Details in der ADAC Trips App

TOUR 5

Sommerinseln in der See

Schwedens große Ostseeinseln und das Reich großer Glaskunst

Das Klima entlang der Küste ist milder als im Westen, die Landschaft lieblicher. Auch für Schwedinnen und Schweden ein beliebtes Urlaubsziel ist die große Insel Gotland mit ihren Sandstränden, bizarren Felsformationen, kulinarischen Spezialitäten und der Wikingergeschichte. Auf dem etwas weiter südlich gelegenen Öland hat sogar die königliche Familie ein Feriendomizil. Auf dem Festland wiederum haben die Glasbläser in Smålands »Glasriket« mit Sand als Rohstoff und dem Holz der tiefen Wälder höchste Handwerkskunst entwickelt. Und auch auf die für Schweden typischen Schärengärten mit Tausenden kleinen Eilanden und übers Wasser hinausragenden Felsbuckeln muss man entlang der Ostseeküste nicht verzichten.

Siehe Seite 156

Das waldreiche Gebiet im Hinterland von Kalmar liefert traditionell einen Grundstoff für die Glasbläser im »Glasriket«.

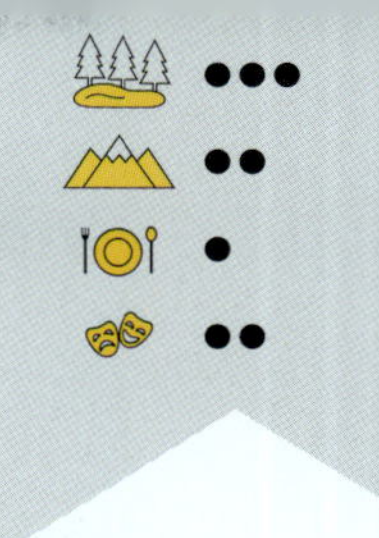

Die Tour auf einen Blick

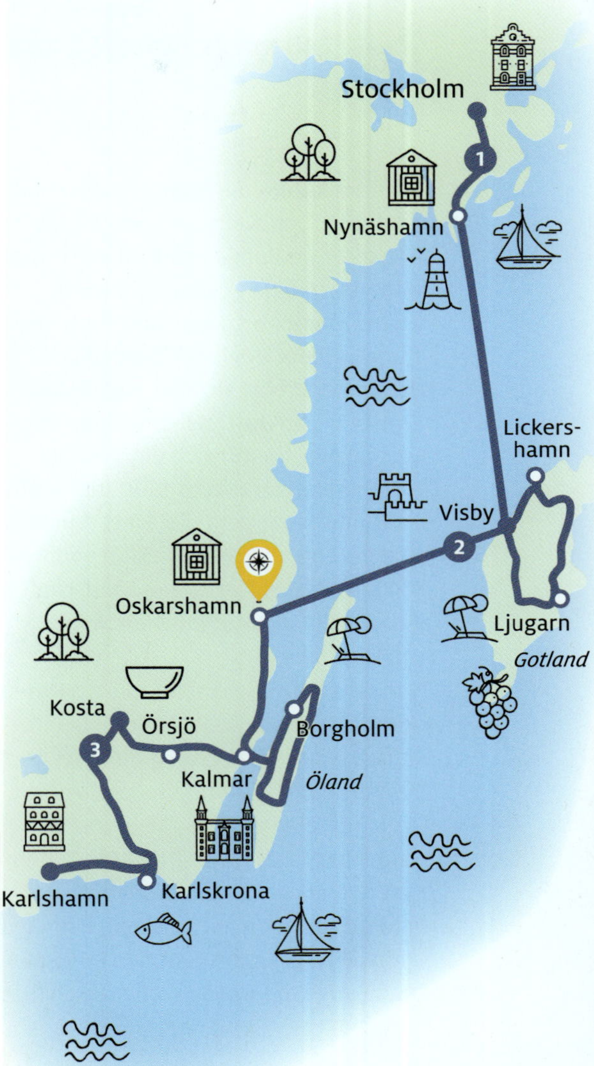

ORTE ENTLANG DER ROUTE

1. Stockholm – Nynäshamn – Lickershamn – Ljugarn – Visby
2. Visby – Oskarshamn – Kalmar – Borgholm – Kosta
3. Kosta – Linneryd –Karlskrona – Karlshamn

KILOMETER
ETAPPE 1: 240 KM
(+ FÄHRE 150 KM)
ETAPPE 2: 290 KM
(+ FÄHRE 125 KM)
ETAPPE 3: 160 KM

Navigation und GPX-Download

REINE FAHRTZEIT
ETAPPE 1: 3 ¾ STUNDEN
(+ FÄHRE 3 ¼ STUNDEN)
ETAPPE 2: 4 ½ STUNDEN
(+ FÄHRE 3 STUNDEN)
ETAPPE 3: 2 ½ STUNDEN

ETAPPE 1

Von Stockholm nach Visby

⟷ 240 km (+ Fähre 150 km) ca. 3¾ Std. (+ Fähre 3¼ Std.)

Von **Stockholm** durchquert die Nationalstraße 73 in weiten Kurven einige Trabantensiedlungen südlich der Hauptstadt. Doch bald gewinnt die Natur wieder Oberhand. Seen sind auch hier immer wieder Begleiter. Östlich von Handen erstreckt sich der Nationalpark Tyresta bis an die Ostsee. Entlang der Küste davor breitet sich ein Schärengarten mit geschätzten 1800 Inseln aus. Bis Nynäshamn geht die Fahrt durch eine beruhigende, mit Kiefern und Birken bewaldete, fast ebene Landschaft, dazwischengestreut tauchen immer wieder Felder auf.

Nynäshamn ist in erster Linie als Hafen bekannt. Kreuzfahrtschiffe mit Ziel Stockholm machen häufig hier fest und befördern ihre Passagiere mit Bussen in die nur eine Fahrstunde entfernte Hauptstadt. Der geschäftige Fährhafen mit rund 60 Abfahrten pro Woche verbindet Schweden mit Lettland, Finnland und Polen – und das Festland mit Gotland. Einige *röd stugar*, rote Häuschen, säumen den Hafenkai, und in einem davon ist die Nynäs Rökeri untergebracht. Viele lassen sich im dortigen Hafenkiosk ein leckeres Picknick zusammenstellen, für die Fährstrecke nach Gotland

Nynäs Rökeri

Frischgeräucherter Fisch, allerlei Salate und Fischgerichte, zum Verzehr vor Ort oder außer Haus. Fiskargränd 6, 149 21 Nynäshamn, www.nynasrokeri.se/kokeriet

oder für einen Bootstrip in die Schären. Auf der Insel Öja weist der Landsort Fyr schon seit dem 17. Jahrhundert als ältester Leuchtturm Schwedens den Weg durch das Schärenlabyrinth.
Die schnittigen modernen Schiffe des Fährunternehmens Destination Gotland befördern mehrmals am Tag Passagiere und Fahrzeuge in dreieinviertel Stunden von Nynäshamn nach Visby an der Westküste von Gotland. An Bord gibt es alles, was die Fahrt kurzweiliger macht, auf größeren Fähren sogar ein Kino.

GOTLAND, DIE PERLE DER OSTSEE
Die Goten zogen von hier bis zum fernen Mittelmeer, die Wikinger und später die Hanse errichteten wichtige Handelsstützpunkte. Heute erlebt die lang gestreckte Insel 100 km vor Schwedens Südostküste im Sommer einen Ansturm von Besuchern, die Naturerlebnisse, lange Badestrände, gutes Essen und eine entspannte Atmosphäre suchen. Die Altstadt der schon zu Wikingerzeiten besiedelten Inselhauptstadt **Visby** ist von der UNESCO

Die Felsbuckel in den Stockholmer Schären sind für Robben ein willkommener Ruheplatz.

Auf Gotland führt die Tour durch eine grandiose Insellandschaft.

Bakfickan
Köstliche Fischküche mit Muscheln, eingelegten Heringen und Edelfischen, wunderbare Fischsuppe und Geräuchertes. Stora Torget 1, 621 56 Visby, www.bakfickanvisby.se

als Welterbe ausgezeichnet und gehört zu den schönsten Nordeuropas. Sie umfasst steinerne Torbogen, Ruinen gotischer Kirchen und Klöster sowie eine fast 800 Jahre alte, 11 m hohe und mit 44 Wehrtürmen befestigte, zinnenbewehrte Ringmauer, die auf ihrer Länge von 3,5 km rund 200 mittelalterliche Backsteingebäude umschließt. Die reichen Handelsherren ließen damals die steinerne Befestigungsanlage zum Schutz vor der eigenen Landbevölkerung der Insel bauen, deren Gemeinden mit Visby im Krieg lagen. St. Maria, die alte deutsche Kirche der Hanse, ist heute Domkirche. Von ihrem Turm reicht der herrliche Blick über die engen Gassen und dicht aneinandergedrängten Ziegeldächer bis zum Hafen, wo die großen Fährschiffe vom Festland anlegen. Während Visbys Mittelalterwoche im August kostümiert sich fast jeder Bürger der Stadt als Pirat oder Händler längst vergangener Epochen, und die

Fast vollständig erhalten ist die wunderschöne Altstadt von Visby.

7 m hoch erhebt sich der Rauk »Jungfrun« an der Küste im Norden von Gotland.

Zeit wird mit Ritterturnieren, Markt, Musik und Theater ein paar Hundert Jahre zurückgedreht.

Das ruhige Inselleben beginnt schon zehn Autominuten vom sommerlich turbulenten Visby entfernt. Begleitet von sattgrünen Weiden, auf denen es sich Kühe, Pferde und Schafe gutgehen lassen, und lockeren Kiefernwäldchen, geht es auf der Provinzstraße 149 zunächst parallel zur Westküste nach Norden. Ab und zu führen Stichstraßen zu schmalen Naturstränden am Meer.

BIZARRES KÜSTENGESTEIN UND EIN WEITER STRAND

Fast ganz im Norden biegen Sie nach rund 25 km nach **Lickershamn** ab. An den Steilküsten haben Wind und Wetter in Jahrtausenden frei stehende Felsnadeln ausgewaschen. Diese »Raukar« genannten und wie Pfeiler, spitze Nadeln und Türmchen erscheinenden Felsgebilde aus erodiertem Kalkstein findet man vor allem an der Küste im Norden und auf dem vorgelagerten Eiland Fårö, und dort besonders im Naturreservat Digerhuvud. Über der Bucht westlich von Lickershamn ragt die

*Das **Gotland-Museum Fornsalen** spannt einen weiten kulturhistorischen Bogen von der Steinzeit bis in die Gegenwart. Unter den Exponaten befindet sich der größte bislang bekannte Silberschatz der Wikinger.*

Weitere Details in der ADAC Trips App

Die Küste Gotlands bietet viele idyllische Plätze, um zu träumen oder Ruhe zu finden.

»Jungfrun« als höchster Rauk der Insel an der Steilküste auf. Der Weg dorthin ist weniger als 1 km weit.
Von Lickershahm fahren Sie auf der Provinzstraße 149 ein kurzes Stück zurück und biegen kurz vor Hälge Richtung Tingstäde ab. Über den schmalen, aber idyllischen Stenkyrkavägen erreichen Sie nach etwa 10 km den fischreichen See Tingstädeträsk und die Provinzstraße 148. Durch die einsame, bewaldete Inselmitte folgen Sie dieser ostwärts. Schon bald erreichen Sie den Wegweiser zur weiß gekalkten Othem kyrka und biegen nach Süden auf die Provinzstraße I 664 ab, die Sie wieder, vorbei an Kieferngehölzen und Weideflächen und den kleinen Weiler Boge passierend, zur Kreuzung mit der Provinzstraße 147 bringt. Geradeaus weiter, Richtung Gothem und Ala, befinden Sie sich nun auf der zweispurigen Provinzstraße 146 parallel zur Ostküste der Insel, die jedoch hinter weiten Feldern und Wald kaum zu erahnen ist. Beim Dorf Ala quert die Provinzstraße 143, der Sie zur Siedlung **Ljugarn** folgen. Hier dürfen Sie sich auf einen langen Sandstrand freuen, der zum Baden einlädt. Etwas östlich von Ljugarn liegt ein weiteres beeindruckendes Raukargebiet, das Folhammar Raukområde, umgeben von Steinstränden.

TRÜFFEL UND WEIN

Nicht weit vom Örtchen Ljugarn werden sogar Trüffeln gefunden. Aus dem Süden zurückgekehrte Wikinger sollen die ersten Exemplare nach Gotland gebracht haben, die dann hier heimisch wurden. Im Herbst reisen Feinschmecker aus ganz Schweden wegen der Delikatesse an. Dann servieren Inselrestaurants trüffelgewürzte Menüs von der Vorspeise bis zum Dessert.
Ganz im Süden der Insel, bei **Hablingbo**, wächst sogar Wein. Inzwischen haben mehrere Restaurants auf Gotland und dem schwedischen Festland Weißweine und einen Tresterbrand vom Weingut Gute Vingård im Angebot.

 **Surflogiet Gotland**

Glamping vom Feinsten und doch rustikal, 20 km südlich von Visby. Tolle Betten im Zelt unter Bäumen direkt am Strand. Dazu Kurse im Stand-up-Paddling, Yogastunden, Fahrradverleih und eine Sauna.
Eskelhem Toftavägen 374, 622 66 Gotlands Tofta, www.surflogiet.se

Das letzte Stück dieser Etappe führt Sie auf den Provinzstraßen 144 und 142 nach Westen und wieder nach Norden. Birken und Kiefernwälder sowie einzelne Gehöfte mit Weidevieh begleiten Sie auf der rund 60 km langen Strecke von Ljugarn zurück in die Inselhauptstadt Visby.

Wer hätte es gedacht? Auf Gotland wird sogar Wein angebaut.

ETAPPE 2

Von Visby nach Kosta

⟷ 290 km (+ Fähre 125 km) ca. 4 ½ Std. (+ Fähre 3 Std.)

In Visby wartet bereits die Fähre, doch es geht nicht zurück in den Norden, sondern nach Südwesten. Vorbei an der Nordspitze der schmalen, langen Insel Öland und über den Kalmarsund zwischen Insel und Festland ist, wieder mit einem Schiff der Reederei Destination Gotland, **Oskarshamn** in etwas mehr als drei Stunden erreicht.

AN SMÅLANDS KÜSTE

Der gemütliche zweispurige Applerumsvägen, gefolgt vom Kustvägen, führt parallel zur E 22 und der Küste des Kalmarsunds nach Süden. An der Strecke liegen nur wenige kleine Ansiedlungen wie Påskallavik, dafür breiten sich umso mehr Mischwald, Birken und Kiefern mit üppigem Grün beiderseits der Straße aus. Ab und an blitzt die nicht weit entfernte Ostsee in der Ferne auf. Nach Querung der E 22 beim Fischereiklub Emsfors, der sich an den reichen Lachsbeständen des einsam durch die Natur mäandernden Flüsschens Emån erfreut, nennt sich die schmale Straße Dunkelidsvägen. Wenige Gehöfte sind in der Landschaft auszumachen, dafür Buschwerk auf flachen Felsen, Birken und einige Eichen am Wegesrand. Kurz vor Mönsterås geht es einige Hundert Meter auf die E 22, dann durch das Dörfchen **Mönsterås** mit seinem kleinen Sportboothafen am Kalmarsund. Dahinter folgen Sie dem Timmernabbsvägen weiter nach Süden. Auf der rechten Straßenseite schauen

die spärlichen Überreste eines zerstörten Klosters herüber, rechts sind hinter Feldern und Weiden bald die Inseln und in der Sonne glitzernden Gewässer der Schärenküste zu erkennen. Südlich von Timmernabben, einem kleinen Ferienort mit Stränden und einer kleinen Fabrik für Karamellbonbons, führen der Strandvägen und die schmale Provinzstraße H 594 über Felder und durch Wälder am nicht zugänglichen Herrenhaus Strömsrum vorbei. Beim Pataholmsvägen geht es nach links ab. Vom winzigen **Pataholm** mit einem sympathischen Sommercafé fast direkt an der Küste schwenkt die Provinzstraße H 602 über Slagmöre Strand fast bis zur E 22, knickt dann aber scharf nach links ab

 **Nilssons Konditori & Bageri**

Von außen mit der 1950er-Jahre-Leuchtreklame eher unscheinbar, doch das Angebot an herzhaften Broten und Konditorstückchen ist ungewöhnlich gut.
Köpmangatan 11, 572 30 Oskarshamn,
www.nilssonskonditori.se

Viel Wald und nur wenige Ansiedlungen bestimmen die Landschaft in der Provinz Kalmar.

UMSTEIGEPUNKT
OSKARSHAMN

Sehenswertes in der Umgebung

Im Hafenstädtchen Oskarshamn laden kopfsteingepflasterte Gassen durch die beschaulichen und hügeligen Viertel Fnyket und Besväret mit ihren gemütlichen, von Blauregen berankten Holzhäusern aus dem 18. Jahrhundert und blumengeschmückten Vorgärten zu einem Spaziergang ein. Am Hafen starten Ausflugsschiffe in die Schärenwelt. Sie halten an der »Blå Jungfrun« (Blaue Jungfrau) genannten und als Nationalpark geschützten Insel, die immerhin 86 m aus dem Wasser ragt. In den Gräsern, Moosen und Büschen des zauberhaften, 1 km² großen Granitbuckels hat sich eine reiche Vogelwelt eingenistet. Die Schründe und Schrammen des Gletschereises vor mehr als 10 000 Jahren kann man noch heute ausmachen. Niederschläge und der Wechsel von Frost und Sonnenwärme haben an verschiedenen Stellen das Gestein brechen lassen und geheimnisvolle Grotten und Spalten geformt.

AUSFLUGSTIPP
Stensjö by heißt das Ensemble von Hofgebäuden aus dem 18. Jahrhundert,

Was sich hier als Silhouette aus dem Wasser erhebt, ist das herrliche Ausflugsziel »Blå Jungfrun« vor der Küste von Oskarshamn.

10 km nördlich von Oskarshamn. Eine königliche Stiftung hat das bereits verfallende Gehöft und die Felder und Weiden drum herum ab 1960 restauriert. So ist ein traditionelles småländisches Walddorf wiedererstanden, das frei besichtigt werden kann. Das kleine Tilias kafé öffnet am Wochenende (www.vitterhetsakademien.se/stensjoby).

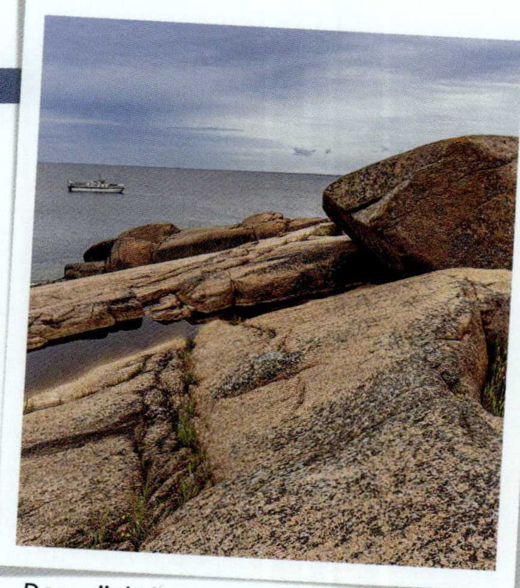

Der mächtige Felssaum der »Blå Jungfrun«

ZUR TOUR 4

In Oskarshamn können Sie zur Tour 4 durch die Heimat von Astrid Lindgren und an den Vättern umsteigen.

*In **Schloss Kalmar**, einem herrlichen Wasserschloss aus dem 16. Jahrhundert, wurde Geschichte geschrieben.*

Weitere Details in der ADAC Trips App

und führt vorbei am gemütlichen Badeplatz von **Ljungnäs** in zwei weiten Bogen nach Süden. Bei der Auffahrt Rockneby geht es noch einmal auf die E 22, der Sie für die letzten gut 20 km bis nach **Kalmar** folgen.
Die alte Wikingerstadt Kalmar wurde später ein Hauptschauplatz der Hanse, deren Kaufleute hier u. a. mit Holz aus småländischen Wäldern ein Vermögen verdienten. Heute leben rund 36 000 Menschen in Kalmar. Die Stadt wird dominiert vom prächtigen Renaissanceschloss am Wasser, dessen Ursprünge als Wehrturm auf das 12. Jahrhundert zurückgehen. Es macht Spaß, in der Gamla Stan, der Altstadt, spazieren zu gehen, durch kopfsteingepflasterte und von farbigen Holzhäusern gesäumte Straßen. Ein besonderes Vergnügen ist es, mit (Leih-)Kajaks oder auf SUP-Boards auf dem geschwungenen Kanal das hübsche Stadtzentrum oder die malerische Wasserlandschaft im gleich anschließenden Inselgewirr zu erkunden (www.kalmarkajak.se).

 **Kallskänken**

Geschmorter Kabeljau, Kotelett mit Zitrone und Tomaten, leckere Salate, abends gibt's auch Pizza mit dickem Boden. Innenraum mit industriellem Ambiente, wunderbare baumbestandene Terrasse.
Esplanaden 33, 392 49 Kalmar,
www.kallskanken.nu

ÖLAND, DIE KÖNIGLICHE SOMMERINSEL

Die Nationalstraße 25 strebt in weniger als einer Fahrtstunde von Kalmar nach Westen in das »Glasreich« im südlichen Småland. Doch wer etwas Zeit erübrigen kann, sollte auch der Insel **Öland** einen Schnupperbesuch abstatten. Eine Fähre ist nicht notwendig, die Meerenge des Kalmarsunds überspannt die 6 km lange Ölandsbron.
Dahinter geht es auf der Provinzstraße 136 nach Norden, vorbei an Äckern und Weiden beiderseits der gut ausgebauten Straße. Der Kalmarsund zwischen Insel und Festland ist wegen

Ganz ohne Fähre gelangt man über die Ölandsbron auf die zweitgrößte Insel Schwedens.

der Gehöfte und des dichteren Baumbestands an der Küste meist nicht zu sehen. Kurz vor dem mittelalterlichen Fischerdorf **Borgholm**, heute ein Urlaubsort mit großem Jachthafen, fällt links die Ruine von **Schloss Borgholm** ins Auge, das vor gut 200 Jahren niederbrannte. Die nahe Königsresidenz **Solliden** wird von der Königsfamilie im Sommer noch immer regelmäßig genutzt. Das Herrenhaus wurde Anfang des 20. Jahrhunderts im Stil einer klassizistischen Villa erbaut. Eine eingeschränkte Besichtigung ist möglich, das Café Kaffetorpet, 1890 im Schlosspark erbaut, bietet sich mit frisch gebackenen Zimtschnecken zum Kaffee als idealer Stopp für eine Pause an.

Vorbei an einer bronzezeitlichen Schiffssteinsetzung direkt an der Straße (Norra Vägen 9), an einigen Campingplätzen und Stränden sowie feuchten Wiesen und Weiden, gelangen Sie auf dem Stacketorpsvägen über die fruchtbare Inselmitte auf ihre Ostseite. Wer an einem pudrigen Sandstrand in der blauen Ostsee baden möchte, sollte auf der Provinzstraße 136 noch einige Kilometer weiter nach Norden in die lang gezogene Bucht bei **Böda Sand** mit ihrem 22 km langen Sandstrand fahren. Ansonsten geht es auf der zwei-

Die imposante Ruine von Schloss Borgholm wird im Sommer zur stimmungsvollen Kulisse für Konzerte.

Von einst rund 2000 Mühlen auf Öland sind noch 400 erhalten.

spurigen Provinzstraße H 974 parallel zur Ostseeküste nach Süden, begleitet von einigen Gehöften und kleinen Siedlungen. Kurz hinter dem Dörfchen **Tjusby** aufgepasst: Links von der Straße stehen einige der rund 400 alten hölzernen Windmühlen als Gruß aus vergangenen Zeiten. Beim Dörfchen **Alby** führt die schmale Provinzstraße H 939 am südlichen Rand des riesigen, steppenartigen Felsplateaus **Stora Alvaret**, ein Welterbe der UNESCO, zurück in den Westteil der Insel. Im Frühjahr erkennt man die sonst karge Landschaft kaum wieder, wenn Wildblumen die nahezu baumlose Hochebene überziehen. Archäologische Funde belegen die Anwesenheit von Jägern und Sammlern schon in der Altsteinzeit. Beim Örtchen **Barby** ist die Provinzstraße 136 wieder erreicht, der Sie, von Weiden und etwas Buschwerk gesäumt, bis Färjestaden und der Brücke Richtung Festland folgen.

*Das weite Gebiet des **Stora Alvaret** im Süden Ölands ist nur auf den ersten Blick eine einförmige Landschaft.*

Weitere Details in der ADAC Trips App

IM REICH DES GLASES

Auf der Nationalstraße 25 und dem Nybrovägen geht es von Kalmar durch eine flache, von Feldern gesäumte

Landschaft und dann durch eine leicht hügelige, durch Wälder dominierte Szenerie direkt nach **Nybro** und weiter ins **»Glasriket«** von Schweden. Unternehmen wie Nybro Crystal oder der weltweit bekannte Lampendesigner Örsjö, der Mitte des 20. Jahrhunderts in einem von Eichenwäldern umrahmten gleichnamigen Örtchen gegründet wurde, machen schnell klar: Sie befinden sich im schwedischen »Glasreich«. Schon vor mehr als 250 Jahren lieferte das reichlich vorhandene Holz der Wälder den benötigten Brennstoff, mit dem der Sand der Region bei 1100 Grad Celsius geschmolzen und bei gut 700 Grad zu Gläsern, Schalen, Vasen oder filigranen Kunstwerken verarbeitet wurde. Um die Wende zum 20. Jahrhundert gab es fünf Dutzend Glashütten in Småland. Ein Dutzend von ihnen sind noch in Betrieb. In den meisten können Besucher gegen eine Gebühr den Glasbläsern zuschauen und erle-

 **Hyttsillsmästarna**

Glashütte mit traditioneller Kost für Besucher. In der abkühlenden Glut werden Salzheringe und Kartoffeln mit Schale zubereitet. Auch småländische Isterband-Wurst, Käsekuchen und andere regionale Gerichte stehen zur Auswahl.
Pukebergarnas väg 24, 382 34 Nybro, www.hyttsill.se

Das überraschend artenreiche Stora Alvaret nimmt rund ein Viertel der Fläche Ölands ein.

ben, wie mit richtiger Atemtechnik und handwerklichem Geschick aus Klumpen zähflüssigen Glases Sektgläser oder Obstschalen entstehen.
Das Glasblasen ist nicht nur Kunsthandwerk, sondern auch sehr harte und kräftezehrende Arbeit. »Hyttsill«, übersetzt »Glashüttenhering«, hieß die gemeinsame Mahlzeit, die den Arbeitstag beschloss. Salzheringe und Kartoffeln in der Schale wurden in der sich abkühlenden Asche der Öfen zubereitet und mit einem kühlen Getränk verzehrt. Diese Tradition können Besucher in einigen Hütten, wie der Glashütte Pukeberg am südlichen Rand von Nybro, als Event für Besucher nacherleben, oft kulinarisch mit Käse und Wurst aus Småland angereichert und mit etwas Musik aufgepeppt.
Boda und seine ehemalige Glashütte sind nur einen Katzensprung von der Nationalstraße 25 entfernt. Glas wird hier noch immer gefertigt, vor allem aber ausgestellt. Im Erlebnismuseum The Glass Factory zeigen 40 Glasdesigner herausragende Produkte ihrer Kunst. In der Werkstatt können Besucher den Experten über die Schulter schauen. Bei Eriksmåla kreuzt in einem Kreisverkehr die Nationalstraße 28, der Sie nach Norden folgen. Nach 15 km durch småländischen Nadelwald erreichen Sie **Kosta**. In der traditionsreichen Glashütte wird bereits seit 1742 Glas produziert. Noch immer lassen hier namhafte Hersteller Glasmasse schmelzen, blasen und nach dem Abkühlen schleifen und bemalen. Auch Besucher dürfen, natürlich unter Anleitung, versuchen, aus einer glühend heißen, zähflüssigen Masse ein kleines Kunstwerk zu zaubern. Auch wenn das Ergebnis vielleicht noch nicht den hohen eigenen Erwartungen entspricht und eher schief und krumm geraten

 **Kosta Boda Art Hotel**

Mehrere namhafte lokale Glaskünstler haben in verschiedenen Bereichen zum Design des Spa-Hotels beigetragen. Es gibt auch ein Restaurant und eine Bar.
Stora vägen 75, 365 43 Kosta,
www.kostabodaarthotel.se

Das »Glasriket« ist Schwedens Zentrum für kunstvolle Objekte aus Glas.

ist, bleibt es doch ein Unikat. Zumindest geeignet für das heimische Regal (www.kostaboda.com).

NOCH MEHR KUNST AUS GLAS

Wer sich über den unglaublichen Gestaltungsreichtum für Glas interessiert, sollte einen Abstecher nach Växjö unternehmen. In einem Bogen über Lessebo und von dort auf der Nationalstraße 25 ist die von Seen und Wäldern eingerahmte Residenzstadt **Växjö** mit gut 70 000 Einwohnern in 45 Minuten schnell erreicht. Das Schwedische Glasmuseum zeigt die umfangreichste Glaskunstsammlung des Landes, mit mehreren Zehntausend Objekten aus sechs Jahrhunderten.

Växjö lohnt noch aus einem weiteren Grund den Abstecher. Gleich neben dem Glasmuseum zeigt das Auswanderermuseum Utvandrarnas Hus, warum und wie 1,3 Millionen Schweden, immerhin ein Fünftel der damaligen Bevölkerung, keine Perspektive im eigenen Land sahen und in die USA auswanderten (Infos zu beiden unter www.kulturparkensmaland.se).

ETAPPE 3

Von Kosta nach Karlshamn

↔ 160 km ca. 2½ Std.   

Von Kosta geht es wieder nach Süden an die Küste. Der Kostavägen führt durch Wälder und vorbei an stillen Waldseen. Die Kleinstadt **Lessebo** schmiegt sich zwischen zwei fischreiche Seen, den Läen und den Öjen. Seit 1693 stellt die Lessebo Handpappersbruk handgeschöpftes Büttenpapier her, als einzige in Schweden. Mehrmals täglich werden Führungen durch die Manufaktur angeboten. Nach einem Dutzend Kilometer stößt die Provinzstraße beim Örtchen **Linneryd** auf die Nationalstraße 122, die auf der Landbrücke zwischen den Seen Rolsmosjön und Linnerydsjön Richtung Karlskrona strebt. Beim Mjölnarens Café von **Korrö** wird frisch gebrühter Kaffee mit Gebäck serviert, auch ein Restaurant und Unterkunft gibt es hier. Das mehr als 300 Jahre alte Handwerkerdorf im Naturreservat Korrö wird vom hier geteilten Flüsschen Ronnebyån umflossen. Gerberei, Färberei, Mühle und Sägewerk sind bis heute gut erhalten. Die Fahrt durchquert eine grüne, leicht hügelige Landschaft, in der sich Wälder und Dutzende Gewässer, wie der fischreiche See Viren bei Körro, der Djupasjön mit kleinem Strand beim Örtchen Yxnanäs oder Stora Skälen beim waldreichen Naturreservat Blåningsmåla mit eingestreuten Weiden abwechseln. Weiter im Süden wird die Zahl der Äcker und Weiden zahlreicher. Kurz vor dem Dorf Rödeby geht die Nationalstraße 122 in die 28 über.

 **Korrö Restaurang & Café**

Im historischen Handwerkerdorf Korrö kommen urschwedische Gerichte wie Kartoffelpuffer mit Preiselbeermarmelade und andere småländische Klassiker auf den Teller. Wer möchte, kann in einem kleinen Schwedenhäuschen übernachten.
Korrö Restaurang, 362 97 Linneryd,
www.korro.se

ZURÜCK IN DEN SCHÄREN

Nach einer Viertelstunde durch nun mehr landwirtschaftlich genutztes Gelände sind die Ostseeküste und **Karlskrona** erreicht. Ein dichter Schärengürtel mit spärlich von Büschen bewachsenen buckligen Felsen schirmt die Hafenstadt von der Ostsee ab. Sie sind Teil des Blekinge-Archipels mit rund 1000 Inseln und 47 einzelnen Naturschutzgebieten, die als UNESCO-Biosphärenreservat ausgewiesen sind. Ein tolles Revier für Kajak- oder Segeltrips. Boote können bei mehreren Anbietern gebucht werden. Auch Angler müssen nicht weiterfahren. »Gäddriket«, Hechtreich, heißt der Archipel bei ihnen nicht ohne Grund, der aber auch für Meeres-

Der weiße Leuchtturm Nedre fyr wacht über Karlskronas historischen Stadtteil Stumholmen.

forellen und Barsche beste Fanggründe bietet. Die Stadt Karlskrona selbst breitet sich malerisch über 30 Inseln aus. Das Marinmuseum mit seinen Museumsschiffen, Minensuch- und U-Booten blättert 500 Jahre schwedischer Marinegeschichte auf (www.marinmuseum.se). Der alte, schon 1679 begründete Marinehafen und Flottenstützpunkt mit Werftgebäuden und Befestigungen ist längst UNESCO-Welterbe. Karlskrona besitzt auch heute noch eine aktive Marinebasis.

DER HAFEN DER AUSWANDERER

Der Ronnebyvägen führt aus Karlskrona in einem weiten Bogen zur E 22. Ein letzter Blick nach links auf die Schärenlandschaft, dann flankieren Wäldchen und Weiden die Fahrt entlang der vierspurigen Straße. Südlich erstreckt sich die mit kleinen Orten und Marinas getupfte Küste. Beim Ort Nättraby tauchen ein paar Wohnsiedlungen und Lagerhallen auf, dahinter wird die Straße schmaler und es gewinnen beackerte und bepflanzte Felder die Oberhand.

Das Marinmuseum zeigt in einer großen Halle beeindruckende alte Galionsfiguren.

In **Ronneby**, auf halber Strecke zwischen Karlskrona und Karlshamn, könnte man gut und gerne etwas länger bleiben. Dass es hier allerdings nicht immer harmonisch zuging, dokumentiert die Kirchenpforte der mittelalterlichen Heliga Kors kyrka aus dem 12. Jahrhundert. Noch immer sind im Holz der Tür die Spuren der Streitäxte schwedischer Soldaten zu sehen, die 1564 während des Nordischen Krieges die Heilig-Kreuz-Kirche in dem damals dänischen Ronneby stürmten und hierher geflüchtete Bewohner niedermetzelten.

Innergården Bed & Breakfast
Zentral und dennoch im Grünen. Gemütliche familiäre Herberge mit freundlichen Zimmern, Sitzecken im Garten und selbst gebackenen Brötchen zum Frühstück. Regeringsgatan 111, 374 38 Karlshamn, www.innergarden.eu

Auf den letzten gut 30 km nach Karlshamn verläuft die E 22 zunächst durch dichtes Grün, Mischwald mit vielen Birken, dann in der fruchtbaren Ebene um Mörtjuk sind es wieder Getreidefelder, abgelöst von den Wäldern und Lichtungen des Wild- und Naturparks Eriksberg südlich der vierspurigen Strecke. Am Abzweig Karlshamn Ost schließlich verlassen Sie die E 22 und schwenken nach Süden ab, Ziel ist die Hafenstadt Karlshamn.

Wie das Auswandererhaus in Växjo an die Massenauswanderung von Schweden in die USA zwischen 1840 und 1930 erinnert, markiert das Utvandrarmonument an der Strandpromenade von **Karlshamn** die letzte Station vieler Tausend verarmter Schweden, die sich trotz der langen Seereise nach New York und der unsicheren Lage im einsamen Wisconsin oder Minnesota vom Hafen in Karlshamn auf den Weg der Hoffnung machten. Die Statue eines melancholisch-ernst in die weite Bucht von Pukavik der Ostsee hinausblickenden Paares soll die beiden Hauptfiguren des mehrbändigen Werks »Der Roman von den Auswanderern« des Schriftstellers Vilhelm Moberg darstellen.

Unterwegs in Dänemark und Südschweden

Praktische Tipps für Ihre Reise

Es ist einfach und bequem, in Dänemark und Schweden mit dem Auto zu reisen. Die Straßen sind durchweg gut ausgebaut und beschildert. Die Autofahrer, wie die Menschen insgesamt, scheinen gelassener. Auch wer nicht Dänisch oder Schwedisch spricht, kommt mit Englisch (oft sogar mit Deutsch) weiter. Überhaupt ähneln sich Skandinavier und Deutsche mehr, als sie voneinander trennt. Auf den folgenden Seiten sind praktische Tipps und Infos aufgelistet, damit Sie sich beim Roadtrip auf die schöne Landschaft mit Meeresküsten und vielen Seen, interessante Städte, die Fülle von Sehenswürdigkeiten und genussvolle Pausen konzentrieren können.

Mit zahllosen Inseln und Inselchen gespickt ist der Mälaren, der drittgrößte See Schwedens.

EINREISE UND ANFAHRT

Dänemark und Schweden gehören zum Schengen-Raum. Grenzkontrollen gibt es in der Regel nur stichprobenartig. Für die Einreise benötigt man einen gültigen Personalausweis oder Reisepass, Kinder unter zwölf Jahren einen elektronischen Reisepass (noch gültige Kinderreisepässe werden an der Grenze auch akzeptiert).

AUTO

Für die Fahrt mit dem eigenen Auto, Wohnwagen, Wohnmobil oder Motorrad gibt es verschiedene Routen. Über Jütland, Fünen und Seeland gelangt man dank der Øresund- und der Beltbrücken (beide mit Maut) bis nach Kopenhagen und sogar nach Schweden. Ansonsten darf man die Autofahrt mit dem Luxus der Seereise auf einer Fähre verbinden.

BUS UND BAHN

FlixBus (flixbus.de) bietet Busverbindungen aus Deutschland, Österreich und der Schweiz zu verschiedenen Zielen in Dänemark und Schweden an, allerdings dauern die Fahrten z. T. sehr lang und sind mit mehrmaligem Umsteigen verbunden.
Die Deutsche Bahn (www.bahn.de), die dänische DSB (www.dsb.dk) sowie die schwedische SJ (www.sj.se) verbinden Deutschland mit Dänemark und Schweden. Von Hamburg verkehren mehrmals täglich Züge via Kolding und Odense nach Kopenhagen. Der Euro-Night Service der SJ verkehrt zwischen Berlin und Stockholm, verbunden mit Zustiegsmöglichkeit in Hamburg und einigen Stopps entlang der Strecke, darunter Malmö. von Ostern bis Anfang November bietet auch das schwedische Unternehmen Snälltåget (www.snalltaget.se) eine Nachtzugverbindung von Berlin über Hamburg nach Schweden an, ebenfalls mit verschiedenen Stopps.

FÄHRE

Diverse Autofähren verbinden norddeutsche Häfen mit Dänemark und Südschweden. Scandlines (www.scand

lines.de) ist zwischen Puttgarden auf Fehmarn und dem dänischen Rødby unterwegs, ebenfalls zwischen Rostock und Gedser. Sassnitz auf Rügen wird durch einen schnellen Katamaran der FRS Baltic Linie (www.frs-baltic.com) mit dem schwedischen Trelleborg verbunden. Die Stena- (www.stenaline.de) und die TT-Line (www.ttline.com) pendeln zwischen Rostock und Trelleborg. Die TT-Line steuert auch von Lübeck-Travemünde Trelleborg und dazu Karlshamn an. Finnlines (www.finnlines.com) startet ebenfalls von Lübeck-Travemünde, aber nach Malmö. Die Stena-Line bedient eine tägliche Verbindung zwischen Kiel und Göteborg. Auch von Dänemark lässt sich Schweden mit der Stena Line auf den Routen Frederikshavn – Göteborg und Grenå – Halmstad erreichen, die Linie ForSea (www.forsea.dk) pendelt zwischen Helsingør und Helsingborg. Für Schweden-Urlauber werden auch Kombi-Tickets für die Route Puttgarden–Rødby und Helsingør–Helsingborg angeboten.

Im Sommer herrscht in Visby reger Fährbetrieb vom und zum Festland.

FLUGZEUG

Nach Kopenhagen und eingeschränkt nach Billund in Dänemark sowie nach Stockholm und Göteborg gibt es Direktflüge unterschiedlicher Airlines wie Lufthansa, SAS, Swiss, Austrian Airlines, Eurowings und wechselnden Billiganbietern von diversen Flughäfen aus dem deutschsprachigen Raum. Im Sommer kommen Verbindungen von Frankfurt nach Kalmar, Växjö und Jonköping hinzu. Eine Reihe Umsteigeverbindungen in andere Orte können über Kopenhagen oder Stockholm führen.

MIT DEM AUTO UNTERWEGS

STRASSEN

Dänemark und Südschweden verfügen über ein gut ausgebautes und komfortables Straßennetz.
Dänemark unterteilt seine Straßen in Autobahnen mit grünen Schildern *(motorveje)*, Nationalstraßen *(primærruter)* mit gelben Schildern und Landstraßen mit schwarzer Schrift auf weißen Schildern *(sekundærruter)*.
Schweden gliedert seine Straßen in Autobahnen *(motorvägar)*, markiert mit weißem Zeichen auf grünem Grund, Nationalstraßen *(riksvägar)*, überregionale Verbindungen, markiert mit weißen Ziffern auf blauem Grund, und Provinzstraßen *(länsvägar)*, ebenfalls mit weißen Ziffern auf blauem Grund.

Margeriten-Route

Ein Netz von wenig befahrenen Nebenstraßen und rund 3500 km Länge in ganz Dänemark führt zu tollen Aussichtspunkten, besonderen Attraktionen und Natur-Highlights. Markiert sind die Panoramastrecken für Pkw oder Motorräder durch Schilder mit einer weißen Margeritenblüte auf braunem Grund (www.visitdenmark.de, Suchbegriff »Margeriten-Route«).

MIETWAGEN

An den Flughäfen oder Bahnhöfen in den größeren Städten beider Länder sind in der Regel die gängigen Mietwagenfirmen vertreten. Prinzipiell ist es möglich, in Dänemark oder Schweden ein Fahrzeug zu mieten und damit auch in dem jeweils anderen Land zu fahren. Bei Anmietung muss der Fahrtwunsch angegeben werden; werden beide Länder bereist, wird für den Grenzübertritt eine Gebühr von ca. 50 Euro erhoben. Auch die Fahrzeugabgabe im Nachbarland ist möglich, aber deutlich teurer. Für Mitglieder bietet die ADAC-Autovermietung günstige Konditionen an (adac.de/autovermietung, in ADAC-Geschäftsstellen oder unter Tel. 089/76 76 20 99).

Tempolimits in Dänemark und Schweden

Dänemark	Autobahn
Autobahn	80–130 km/h
Landstraße	80 km/h
Ortschaft	50 km/h
Schweden	
Autobahn	110–120 km/h
Landstraße	70–90 km/h
Ortschaft	50 km/h

Die Riddarholmskyrkan in Stockholm ist die Grabkirche der schwedischen Könige.

Besondere Markierungen und Verkehrszeichen
An Straßeneinmündungen bedeuten weiße Dreiecke (»Haifischzähne«) auf der Fahrbahn, dem anderen Verkehrsteilnehmer Vorfahrt zu gewähren.
An Autobahnzufahrten und auch auf anderen Straßen bedeuten Pfeile, die sich zu einem Pfeil vereinen, dass sich beide Seiten gleichberechtigt nach dem Reißverschlussprinzip einfädeln.

FAHRWEISE UND REGELN

In Schweden muss auch tagsüber mit Abblendlicht gefahren werden. In Dänemark ist auch Tagfahrlicht erlaubt. Im schwedischen Straßenverkehr gilt eine Alkoholgrenze von 0,2 Promille, in Dänemark sind es 0,5 Promille.
Handynutzung beim Fahren ist verboten und wird mit hohen Bußgeldern geahndet. Es herrscht Gurtpflicht, auch auf den Rücksitzen.
Stockholm und Göteborg haben eine **City-Maut**, die gefahrenen Strecken werden automatisch erfasst und abgerechnet. Infos hierzu und zu anderen mautpflichtigen Strecken in Schweden finden Sie unter adac.de/reise-freizeit/maut-vignette/schweden.
Strafen für Temposünder fallen deutlich höher aus als in Deutschland. Wird in Schweden eine Radarkontrolle angekündigt, kann man sich darauf verlassen, dass die Geschwindigkeit tatsächlich gemessen wird.

PARKEN

In ländlichen Regionen ist das Parken unproblematisch. Anders sieht es in Städten aus, wo Parkraum nur begrenzt zur Verfügung steht und teuer ist. Falschparker werden mit hohen Bußgeldern belegt oder abgeschleppt. Parkplätze in Ballungsgebieten werden zunehmend online reserviert und bezahlt, z. B. über die App von Easypark (www.easypark.com).

Freies Campen mit Übernachtungen ist auf Parkplätzen auch für Campmobile nicht gestattet. Eine Ausnahme sind Ruhepausen zur Wiederherstellung der Fahrtüchtigkeit, die auch eine Nacht andauern können, sofern Schilder dies nicht verbieten.

Wichtig ist, eine Parkscheibe dabeizuhaben, da manche Parkplätze zeitlich limitiert sind. Einige dänische Städte bieten Kurzzeitparkplätze speziell für Camper und Wohnwagen an.

KARTEN UND NAVIGATION

Mit gängigen Navigationssystemen findet man sich in Dänemark und Schweden gut zurecht. Die fett gedruckten Ortsnamen in diesem Band helfen Ihnen bei den Eingaben in Ihr Navigationsgerät. Ansonsten ist aber auch die Ausschilderung sehr gut. In manchen einsamen Gebieten in Schweden kann es allerdings Funklöcher geben.

TANKEN

Fast alle Tankstellen haben Selbstbedienung und sind sieben Tage die Woche geöffnet, einige sogar 24 Stunden. Daneben gibt es immer mehr automatisierte Tanksäulen und Tankstellen ohne Personal, bei denen mit Kreditkarte und PIN gezahlt wird. Die Kraftstoffe heißen in Dänemark und Schweden *Blyfri 95* für Super Benzin, *Blyfri 98* für Super Plus, *Diesel* für Diesel, *CBG* oder *ordongas* für Erdgas, *LPG* für Autogas.

E-MOBILITÄT

Der Anteil der »Stromer« steigt auch in Schweden und noch mehr in Dänemark. Parallel nimmt auch die Zahl der Ladestationen zu. Die Webseite www.elektricitet.dk/elbil/kort-ladestandere listet (fast) alle Stationen im hier beschriebenen Gebiet auf und erleichtert so die Reiseplanung.

VAN UND WOHNMOBIL

Die meisten Straßen sind auch für Wohnmobile oder Vans befahrbar. Auf schmalen Provinzstraßen oder unbefestigten Wegstrecken ist dies nicht immer problemlos oder garantiert. Letzteres gilt auch für die reizvollen Strecken der Margeriten-Route in Dänemark.

UNFALL UND PANNE

Wer mit dem Mietwagen unterwegs ist, ruft bei allen Problemen zunächst den Autovermieter an.

Bei einem Unfall sollten Sie stets die Polizei über die einheitliche EU-weite Notrufnummer **112** informieren.

Da Autovermieter und Versicherungen eine ordnungsgemäße Aufnahme des Unfalls vorschreiben, sind auch bei Unfällen mit Bagatellschäden immer die Identität und die Versicherungsnummer des Unfallbeteiligten festzustellen und die Polizei zu rufen. Der ADAC stellt auf seiner Website Muster für einen Unfallbericht in verschiedenen Sprachen zur Verfügung. Wer mit dem eigenen Wagen unterwegs ist, sollte sich beim ADAC über einen entsprechenden Auslandsschutz informieren. Weitere Infos s. Seite 192.

PRAKTISCHES FÜR DEN REISEALLTAG

EINKAUFEN UND MITBRINGSEL

Das Preisniveau ist in allen skandinavischen Ländern höher als in Deutschland und Österreich. Schnäppchenjäger sollten in Dänemark auf das Schild »Tilbud« (Angebot), in Schweden auf »REA« (Sonderpreis) achten.

Dänische und schwedische Designprodukte genießen weltweit den besten Ruf. In Schweden gibt es z. B. bei Kosta Boda im Werksverkauf wunderbare småländische Glaskunst, die als 2. Wahl deutlich günstiger angeboten wird. In Dänemark gilt Kopenhagen als ein skandinavisches Modemekka für minimalistisches Design. Die edle Porzellanmarke Royal Copenhagen hat nicht nur ihren Flagship Store im Zentrum der dänischen Hauptstadt, sondern auch einen Fabrikverkauf im nahen Frederiksberg.

Laden Sie Ihr Auto schnell auf, während Sie einkaufen!

FEIERTAGE

Gesetzliche Feiertage in Dänemark (DK) und Schweden (SV): 1. Januar (Neujahr, DK/SV), 6. Januar (Heilige Drei Könige, SV), Gründonnerstag (DK), Karfreitag (DK/SV), Ostersonntag (DK/SV), Ostermontag (DK/SV), 1. Mai (Tag der Arbeit, SV), Buß- und Bettag (4. Freitag nach Ostersonntag (DK), Christi Himmelfahrt (DK/SV), Pfingstsonntag (DK/SV), Pfingstmontag (DK), 5. Juni (Verfassungstag, DK, aber nicht arbeitsfrei), 6. Juni (Nationalfeiertag, SV), Samstag zwischen 20. und 26. Juni (Mittsommerabend, SV), Allerheiligen (SV), 1. Weihnachtsfeiertag (DK/SV), 2. Weihnachtsfeiertag (DK/SV).

GELD UND KREDITKARTEN

Dänemark und Schweden haben ihre jeweilige Krone als Zahlungsmittel behalten und nicht den Euro eingeführt. In beiden Ländern werden auch kleine Beträge oft mit Bank- oder Kreditkarte gezahlt. Eine wachsende Zahl von Geschäften nehmen gar kein Bargeld mehr an. Dies gilt besonders in Schweden, wo eine Kredit- oder Debitkarte fast unerlässlich ist. Ähnliches gilt an Parkautomaten und im öffentlichen Nahverkehr.

Wechselkurse
Dänemark (DKK) und Schweden (SEK)
(Stand April 2024)

1 €	7,45 DKK	11,20 SEK
1 CHF	7,76 DKK	11,66 SEK
10 DKK	1,34 €	1,28 CHF
10 SEK	0,89 €	0,86 CHF

GESUNDHEIT

Die medizinische Versorgung in Dänemark und Schweden ist sehr gut. Im Krankheitsfall reicht die Europäische Versichertenkarte, die man vor Ort bei Ärzten oder im Krankenhaus vorlegt. Ein minimaler Eigenanteil wird dennoch umgehend fällig. **Arztpraxen** heißen in Dänemark *Lægens kontor,* in Schweden *Läkarens mottagning*.

Die **Apotheken** *(Apotek)* sind zu üblichen Ladenzeiten geöffnet. Die Beratung ist in der Regel kompetent und fast immer auch in Englisch möglich. In großen Städten gibt es einen 24-Stunden-Service. Regelmäßig einzunehmende verschreibungspflichtige Medikamente sollten Sie in ausreichender Menge von zu Hause mitnehmen.

Da nicht immer unbedingt alle Kosten von den Kassen zurückerstattet werden, empfiehlt sich zusätzlich der Abschluss einer privaten **Auslandskrankenversicherung** inklusive Rücktransport ins Heimatland im Notfall. Teilweise sind diese auch schon in Kreditkartenleistungen enthalten und generell recht günstig. Auch der ADAC bietet entsprechende Versicherungen an.

HAUSTIERE

Hunde und Katzen benötigen einen EU-Heimtierausweis, gültig nur mit gleichzeitiger Identifikation des Tieres durch Mikrochip. Für Dänemark und Schweden ist außerdem eine gültige, mindestens 21 Tage zurückliegende Tollwutimpfung erforderlich.

In vielen Restaurants sind Hunde nicht gestattet. An vielen dänischen Stränden

Wenn an alles gedacht ist, kann auch der beste Freund des Menschen mit auf die Reise.

herrscht Leinenpflicht. In Schweden gilt für Hunde in allen öffentlichen Bereichen grundsätzlich Leinenpflicht.

INTERNET UND TELEFON

Da innerhalb der EU die Roaming-Gebühren abgeschafft sind, laufen Telefon und Internet ganz normal und ohne Aufschläge über den Vertrag mit dem heimischen Anbieter. Außerdem gibt es viele Cafés, Geschäfte und öffentliche Plätze mit WiFi/WLAN, in das man sich einloggen kann (wifispc.com/locations).

KLIMA UND REISEZEIT

Dänemark hat ein gemäßigtes Klima, vergleichbar mit dem in Norddeutschland. Im Sommer ist es warm, aber selten heiß. Dafür sind die Winter kühl, aber nicht klirrend kalt. Dann ist es nicht schlecht, eine winddichte Jacke dabeizuhaben. Zwischen Februar und Mai ist es am trockensten, Oktober und November verzeichnen die meisten Niederschläge.

In Südschweden sind die Winter kurz und kalt, an der Westküste milder. Im Sommer herrschen moderat warme Temperaturen mit viel Sonnenschein und langem Tageslicht.

NOTRUF

Die allgemeine Notrufnummer lautet in Dänemark und Schweden **112**.

Wenn kein akuter Notfall vorliegt, erreicht man in Dänemark die Polizei

Ein beliebtes Ziel von Göteborg-Besuchern ist das Altstadtviertel Haga.

unter 114, in Schweden wählen Sie 114 14. Um in Schweden einen Arzt bei einer Erkrankung oder einem leichteren Unfall zu kontaktieren, wählen Sie 1813.

ÖFFENTLICHE VERKEHRSMITTEL

Bahn und Bus

Dänemark und Schweden sind mit Bahnen und Bussen gut erschlossen. Zwischen den größeren Städten und Orten bestehen regelmäßige Verbindungen. Die beiden größten Flughäfen, Stockholm und Kopenhagen, sind durch Schnellbahnen mit den Stadtzentren verbunden. Die Webseiten der dänischen Danske Statsbaner, www.dsb.dk, und der schwedischen Statens Järnvägar, www.sj.se, informieren über Verbindungen und Preise.

Fähre

Viele Inseln, viele Seen, viele Fähren. Selbst auf den beschriebenen Strecken ginge es ohne Autofähren oft nicht weiter. Einige Brücken, wie die über den Kleinen und den Großen Belt oder die Öresundbrücke, haben Fähren ersetzt und die Verbindungen schneller

gemacht, doch es bleiben noch Dutzende Inseln im Kattegatt, an der schwedischen Nord- und Ostseeküste oder in den Schärengärten, die nur per Schiff erreichbar sind und die gemütliche Anreise zu einem Vergnügen machen.

ÖFFNUNGSZEITEN

In Dänemark haben die Geschäfte in der Regel Mo–Fr von 9/10–17.30/18 Uhr geöffnet, am Freitag bleiben sie meist eine Stunde länger offen, samstags schließen sie gegen 13 oder 14 Uhr. Ähnliche Öffnungszeiten findet man in Schweden: Mo–Fr 9.30–18 und Sa 9.30–14/16 Uhr. Größere Geschäfte wie Kaufhäuser öffnen oft auch am Sonntag, ebenso Bäckereien, Kioske oder Blumenläden. Gleiches gilt in der sommerlichen Hochsaison in den Touristenzentren. Postämter und Geldinstitute sind meist Mo–Fr von 10–16 Uhr, Do bis 17.30 Uhr geöffnet.
Museen in Dänemark und Schweden sind meist zwischen 10 und 17 Uhr geöffnet, viele haben montags geschlossen.

POST

PostNord heißt das gemeinsame Postunternehmen von Dänemark und Schweden. In Dänemark fallen die roten Briefkästen mit royalem Wappen ins Auge. In Schweden findet man nur noch Postagenturen, z.B. in Kiosken oder Tankstellen, die auch Briefmarken verkaufen. Die öffentlichen Briefkästen in Schweden sind gelb.

SICHERHEIT

Alles in allem ist die Sicherheit für Reisende in Dänemark und Schweden deutlich höher als in vielen anderen Ländern. Dennoch können Kleinkriminalität wie Taschendiebstähle vor allem in Innenstädten, touristischen Zentren oder auf Fähren, Bahnhöfen und in Flughäfen vorkommen. Allgemeine Sicherheitshinweise haben natürlich auch hier ihre Bedeutung: Die Geldbörse gehört nicht in die hintere Hosentasche, achten Sie außerdem darauf, dass Handtaschen oder Rucksäcke verschlossen sind und nicht hinten getragen werden, und lassen Sie keine Wertgegenstände offen im Auto liegen.

SPORT

Angeln

Zum Angeln in Dänemark und Schweden benötigt man keinen Angelschein für den u.a. eine Prüfung erforderlich ist, sondern häufig nur eine Angelkarte, also eine Erlaubnis, in bestimmten Gewässern zu angeln. Diese lässt sich in den Touristeninformationen, Fachgeschäften, Tankstellen oder sogar online erwerben. Weitere Infos finden Sie für Dänemark unter www.fishingindenmark.info, für Schweden unter www.ifiske.ax.

Baden und Schwimmen

Endlose Strände an der dänischen Nordseeküste, verschwiegene Buchten mit rund geschliffenen Felsen an Schwedens Westküste oder einsame Badeplätze in den Schärengärten vor Stockholm. Nach Ihrem Traumplatz zum Baden müssen Sie in Dänemark und Südschweden nie lange suchen.

Golf

Dänen sind begeisterte Golfer mit mehr als 200 Golfanlagen im Land, in

Auch mit dem Fahrrad ist man in Dänemark und Schweden gut und sicher unterwegs.

Schweden sind es sogar 500 Golfplätze. Viele lassen Mitglieder ausländischer Klubs, Platzreife vorausgesetzt, auf ihre Fairways. Die Greenfees liegen etwa auf dem Niveau wie in Deutschland.
Visit Denmark listet rund 150 Golfplätze auf (www.visitdenmark.de). Svensk Golf bietet eine Übersicht aller Golfplätze mit Links (www.svenskgolf.se/golfguiden).

Radfahren
Schweden und Dänemark gehören zu den fahrradfreundlichsten Ländern der Welt. Entspannt radelt man hier über kaum befahrene Straßen oder auf breiten Fahrradwegen. Und weit gefehlt, wer meint, nur durch plattes Land zu treten: Auch einige hügelige und bergige »Schikanen« gibt es, wie in den »Fünischen Alpen« südlich von Odense oder der Hügellandschaft von Småland.
Ein besonderer Tipp: Die Fahrradstrecke parallel zum Göta-Kanal zwischen Göteborg und Stockholm gehört zum Schönsten und Abwechslungsreichsten, was Schweden Fahrradfahrern zu bieten hat.

Wandern
Bewegen in freier Natur auf einem der vielen Hundert traumhaften Wanderwege durch Wälder oder am Strand gehört zu den kostenlosen attraktiven Urlaubsvergnügen, die man in Dänemark und Schweden genießen kann. Karten und Tipps gibt es zuhauf in örtlichen Touristenbüros oder im Buchhandel vor Ort.
Zwei Tipps: In Dänemark führt die 40 km lange Himmelbjergroute (www.himmelbjerget.dk/en/routes) rund um den Himmelberg und die Silkeborger Seen, sie passiert den alten Ochsenweg und den idyllischen Fluss Gudenå zwischen Randers und Silkeborg.
In der südschwedischen Region Småland verläuft der insgesamt 130 km lange Wanderweg Utvandrarleden (www.utvandrarleden.se) durch eine herrliche Landschaft und führt Sie in Dörfer, aus denen zwischen 1850 und 1910 viele Schweden in die USA auswanderten.

Bei so vielen Gewässern in Dänemark und Schweden ist der nächste Paddelspaß nie weit.

Wassersport

Segeln, Kanu- und Kajakfahren auf Flüssen und Seen oder an der Küste bieten sich bei dem Reichtum am herrlichen Gewässern geradezu an. Informationen zu vielen Strecken und Revieren sowie Leihmöglichkeiten für Boote und Ausrüstung gibt es in den Touristenbüros. Bei Tørring in Mitteljütland lässt sich die idyllische Landschaft am Flüsschen Gudenå, mit 158 km der längste Fluss Dänemarks, vom Wasser aus erkunden, individuell oder mit geführten Touren (www.kano-udlejning.dk).

Im schwedischen Småland bieten sich ebenfalls zahllose Möglichkeiten zum Paddeln. Ein Highlight darunter ist der See Åsnen und der 120 km lange Värendsleden, eine Route, die den See mit dem weiter nördlich gelegenen See Asasjön verbindet und auch durch die Stadt Växjö führt (www.visitasnen.se/de/outdoor/wasseraktivitaeten/paddeln-im-asnen).

UMGANGSFORMEN UND VERHALTEN

Die Menschen in Dänemark und Schweden scheinen entspannter und offener als in vielen Teilen Westeuropas, sind meist hilfsbereit und höflich. Mit einem freundlichen *Hej* zur Begrüßung kann man nichts falsch machen. In beiden Ländern ist es üblich, sich zu duzen. Ein »Sie« ist fast nur noch bei formellen Anlässen bekannt. Auf ein Danke, *tak* auf Dänisch und *tack* im Schwedischen, kann man gut mit einem »Danke selbst« oder »gern geschehen«, *selv tak* bzw. *varsågod* antworten.

Kleidung

Passen Sie Ihre Kleidung bei einer Reise durch Dänemark und Schweden dem Klima und Ihren geplanten Aktivitäten an. Schick macht man sich in beiden Ländern eigentlich nur bei offiziellen Anlässen oder Feiern. Leger sollten Sie dabei aber nicht mit nachlässig verwechseln. Dafür legen Dänen und auch Schweden zu sehr Wert auf ein entspanntes, aber modisches Outfit.

Rauchen

In Dänemark ist das Rauchen in Restaurants, Kneipen, Discos, Cafés und Bars nicht erlaubt, es sei denn sie sind kleiner als 40 m² oder haben einen separaten Raucherraum. Eine ähnliche Regelung gilt in öffentlichen Räumen wie Bahnhöfen oder Einkaufszentren. Ausnahme: Es sind Raucherkabinen oder -ecken eingerichtet.
In Schweden ist das Rauchen in Restaurants, Gaststätten und Bars und auch davor grundsätzlich verboten. Gleiches gilt für öffentliche Spielplätze, Bushaltestellen und Bahnsteige, und auch E-Zigaretten sind von dem Verbot nicht ausgenommen.

Sonne tanken in Kopenhagen auf der Terrasse des Schauspielhauses mit Blick auf die Oper

Wikinger, Bullerbü, Wasser und Strand – für Kinder ist reichlich Abwechslung geboten.

Trinkgeld

Trinkgelder sind optional und werden nicht erwartet. Eine nette Geste ist es aber trotzdem, Beträge aufzurunden.

UNTERKUNFT UND HOTELS

Zahllose Campingplätze und Ferienhäuser sind in beiden Länder auf Urlauber eingerichtet, ob sie aus Skandinavien kommen oder aus anderen Ländern anreisen. Und viele suchen ja gerade die Unterkunft in der Natur, in den Dünen, an der Felsenküste, auf einer einsamen Insel oder mitten im Wald. Hotels gibt es natürlich auch zuhauf und können über die bekannten Buchungsplattformen verglichen werden. Ferienhausanbieter wie Novasol (www.novasol.de) oder Feriepartner (www.feriepartner.de) haben Häuser und Ferienwohnungen in Dänemark und Schweden in ihrem Portfolio. Ansonsten sind auch die örtlichen Touristenbüros bei der Unterkunftssuche gerne behilflich.

ZOLLBESTIMMUNGEN

Für den privaten Gebrauch dürfen Waren zollfrei nach Dänemark und Schweden eingeführt werden. Geltende Mengenbeschränkungen etwa bei Alkohol und Tabak für Reisende aus EU- und Nicht-EU-Ländern listen die entsprechenen Seiten des dänischen und schwedischen Zolls: www.tyskland.um.dk (Einfuhr- und Zollbestimmungen) und www.tullverket.se/en.

UNTERWEGS MIT KINDERN

Handy, Tablet & Co. haben keinen Akku mehr oder sind gleich zu Hause geblieben? Alle Hörbücher sind ausgehört? Neben dem Klassiker »Ich sehe was, was Du nicht siehst« sorgen diese Spiele für gute Stimmung auf den Rücksitzen:

FÜR KINDERGARTEN- UND GRUNDSCHULKINDER (MIT ANLEITUNG DURCH ELTERN)

- Ravensburger Tiptoi: Ratespaß auf Reisen - Sachwissen zu den Themen Straßenverkehr und Verkehrssicherheit (Altersempfehlung des Herstellers: 4-8 Jahre). Der Tiptoi-Stift muss separat erworben und sollte vor dem Urlaub komplett aufgeladen werden.

- Schmidt Spiele: Auto-Bingo, Bring Mich mit Spiel in der Metalldose (Altersempfehlung des Herstellers: ab 5 Jahre). Kleines, handliches Spiel für 1-3 Spieler, bei dem die Spieler verschiedene Gegenstände am Wegesrand entdecken und auf Kärtchen abhaken müssen.

- Uping: Magnetisches Holzpuzzle und Tafel (Altersempfehlung des Herstellers: ab 3 Jahre). Praktischer, kreativer Begleiter zum Puzzeln und Malen unterwegs, Vorsicht: Viele kleine Einzelteile, eventuell nur die größeren Magnetteile mit in den Urlaub nehmen!

- N. Pratt, E. Bone: Kunterbunte Spiele für lange Reisen: mit abwischbarem Stift. 50 Spielkarten mit Rätseln, Labyrinthen und Knobelaufgaben (Altersempfehlung: ab 6 Jahren, ISBN: 978-1782320296)

- S. Tudhope (Autor), M. Hill, M. Maynard (Illustrationen): Seitenweise Reisespiele: mit heraustrennbaren Seiten. Spieleklassiker wie Schiffe versenken, Tic Tac Toe für unterwegs (Altersempfehlung: ab 7 Jahren, ISBN: 978-1782322900)

- P. Gesierich: KFZ-Kennzeichen - Sticker-Sammelalbum für Ratespaß unterwegs auf Reisen (Altersempfehlung: ab 6 Jahren, ISBN: 978-3961118540)

FÜR JUGENDLICHE UND ERWACHSENE

- Coogam: Tangram-Buch mit 360 magnetischen Puzzle-Teilen. Traditionelles Puzzle aus Asien fürs Handgepäck mit einfachen und komplexeren Mustern zum Nachlegen (auch für Kinder ab 4 Jahren zum Mitspielen geeignet).

- R. Dobelli : Die Kunst des klaren Denkens: Das Kartenspiel, mit dem Sie Denkfehler erkennen und vermeiden (ISBN: 978-3742313287). Originelles und lehrreiches Kartenspiel zum Sachbuch-Bestseller »Die Kunst des klaren Denkens«.

Die sanft gewellte Hügellandschaft im schwedischen Schonen und wenig Verkehr auf den Landstraßen machen die Fahrt zum Genuss.

REGISTER

J

K

L

M

N

O

P

R

BILDNACHWEIS

Titel: Die Schärengebiete der geografisch zu Finnland gehörenden Åland-Inseln sind typisch für die malerischen Wasserlandschaften vor Schwedens Küste (siehe Seite 135), Foto: **Conny & Sirko Trentsch/Nordlandblog**
Rücktitel: Badehütten in Falsterbo, Foto: **Huber Images** (Andrea Armellin)
Illustrationen Kartografie: Shutterstock.com, The Noun Project

Alamy Stock Photo: Anna Andersson 016; Cavan Images 138, 149; Felix Choo 70/71; Pavel Dudek 63; Patrik Forsberg 86; Johan Furusjo 78; Sam Gillespie 108; ImageBROKER 84/85; jdpeakscrapes 101; Johner Images 61, 75, 90, 102/103, 142/143, 146, 180; Lars S. Madsen 150; Ingemar Magnusson 14/15; Premium Stock Photography GmbH 59; Mohsen Ramezanimofrad 80/81; Raw Archives Images 182; RicoK 93, 96/97; Rolf 52 144; Shotshop GmbH 153; Mauro Toccaceli 95; Westend61 92; Achim Zeilmann 77; Zoonar 114 – **AWL Images:** Nick Ledger 179 – **Getty Images:** 13, 24/25, 24.2, 33, 56, 141, 164/165, 178 – **Huber Images:** Christian Bäck Umschlagklappe hinten, 129; Günter Gräfenhain Umschlagklappe hinten außen; Christian Müringer 26/27; Reinhard Schmid 15/19, 21; Christof Simon 9 – **imago images:** Danita Delimont 46/47; Xinhua 25.2, 28.2; ZUMA Wire 29.1 – **laif:** Vogue/Le Figaro Magzine 147 – **lookphotos:** Olaf Meinhardt 161 – **mauritius images:** buchcover.com 20; Davide Ferreri/Alamy Stock Photos 50; Julia Gavin/Alamy 27.1; Hemis.fr 162; Lars Roed/ Alamy Stock Photos 34/35; Travel Image 117; Westend61 119 – **picture alliance:** imageBROKER 54/55; Ritzau Scanpix 28.1 – **Shutterstock.com:** 24.1, 25.1, 26.1, 26.2, 27.2, 67, 68, 74, 98, 110, 116, 121, 122/123, 126, 128, 132, 133, 135, 145, 151, 156, 159, 167, 171, 174 – **stock.adobe.com:** Umschlagklappe vorne, 4, 7, 10/11, 17, 23, 28/29, 29.2, 30, 36/37, 38/39, 40/41, 42, 43, 44/45, 45, 48, 49, 52/53, 60, 64, 66, 73, 83, 89, 105, 106, 111, 112, 120, 124, 125, 130, 136/137, 154/155, 157, 169, 173, 177 – **Conny & Sirko Trentsch/Nordlandblog:** 135

PIN
CAMP
Birnau-Maurach
©shutterstock.com/Conny Pokorny
Yes we camp!
SECRET CAMPSITES
KLEINE, CHARMANTE CAMPINGPLÄTZE IM GRÜNEN
DEUTSCHLAND, ÖSTERREICH UND DIE SCHWEIZ
Yes we camp!
CAMPING MIT RAD UND E-BIKE
DIE SCHÖNSTEN PLÄTZE UND TOUREN IN DEUTSCHLAND UND UMGEBUNG
Yes we camp!
FAMILIEN-CAMPING AUF DEM LAND
DIE SCHÖNSTEN PLÄTZE MIT BAUERNHOF, STREICHELZOO & PFERDESTALL

IMPRESSUM

Markenlizenz der ADAC Medien und Reise GmbH, München

ISBN 978-3-98645-115-8

1. Auflage 2024

Autor: Axel Pinck
Projektleitung und Verlagsredaktion: Benjamin Happel
Lektorat und Satz: Thomas Rach, www.bintang-berlin.de
Bildredaktion: Petra Ender, Dr. Nafsika Mylona
Schlusskorrektur: Gudrun Raether-Klünker
Umschlaggestaltung und Layout: ZERO Werbeagentur
Kartografie: Huber Kartographie GmbH,
www.kartographie.de (Planungskarte);
Katharina Grimm, www.bintang-berlin.de (Innenkarten)
Herstellung: Felix Robitsch
Druck + Bindung: Florjancic tisk d.o.o., Maribor

Ein Unternehmen der
GANSKE VERLAGSGRUPPE

Wichtiger Hinweis
Die Daten und Fakten für dieses Werk wurden mit äußerster Sorgfalt recherchiert und geprüft. Wir weisen jedoch darauf hin, dass diese Angaben häufig Veränderungen unterworfen sind und inhaltliche Fehler oder Auslassungen nicht völlig auszuschließen sind. Die Verlinkungen der QR-Codes entsprechen in Aufbau und Funktionalität dem aktuellen technischen Stand zum Zeitpunkt der Drucklegung. Für eventuelle Fehler oder Auslassungen können Gräfe und Unzer, die ADAC Medien und Reise GmbH sowie deren Mitarbeiter und die Autoren keinerlei Verpflichtung und Haftung übernehmen.
Alle Inhalte im Buch wenden sich an und gelten für alle Geschlechter (w/m/d). Soweit grammatikalisch männliche, weibliche oder neutrale Personenbezeichnungen verwendet werden, dient dies allein der besseren Lesbarkeit.

Ansprechpartner für den Anzeigenverkauf:
KV Kommunalverlag GmbH & Co. KG,
MediaCenter München, Tel. 089/928 09 60

Bei Interesse an maßgeschneiderten B2B-Produkten:
b2b-kontakt@graefe-und-unzer.de

Leserservice
GRÄFE UND UNZER Verlag
Grillparzerstraße 12
81675 München
www.graefe-und-unzer.de

Bei Fragen zur ADAC Trips App und den QR-Codes in diesem Buch schreiben Sie bitte eine E-Mail an trips@adac.de.

Umwelthinweis
Nachhaltigkeit ist uns sehr wichtig. Der Rohstoff Papier ist in der Buchproduktion hierfür von entscheidender Bedeutung. Daher ist dieses Buch auf PEFC-zertifiziertem Papier gedruckt. PEFC garantiert, dass ökologische, soziale und ökonomische Aspekte in der Verarbeitungskette unabhängig überwacht werden und lückenlos nachvollziehbar sind.

ADAC Service Dänemark und Südschweden

Beim **ADAC Info-Service**, in den **ADAC Geschäftsstellen** sowie auf dem **Internetportal des ADAC** (adac.de) erhalten Sie Informationen zu den Dienstleistungen des Automobilclubs und zu Ihrem Reiseziel. In der ADAC Trips App (adac.de/services/apps/trips, siehe Seite 9) finden Sie Infos zu allen Touren und Sehenswürdigkeiten.
Als **ADAC Mitglied** können Sie die kostenlosen **ADAC Toursets® Westdänemark, Kopenhagen und Ostdänemark** und **Südschweden** (adac.de/reise-freizeit/reiseplanung/tourset) mit vielen Reiseinfos und Karten anfordern. Bei Pannen und Notfällen steht Ihnen unser Team rund um die Uhr telefonisch und digital (adac.de/hilfe und ADAC Pannenhilfe App) zur Verfügung.

ADAC Info-Service
T 089 558 95 96 97
Infos zu allen ADAC Leistungen
(Mo–Sa 8–20 Uhr)

ADAC Pannenhilfe Deutschland
T 089 20 20 40 00, Mobil 22 22 22
(Verbindungskosten je nach Netzbetreiber/Provider)

ADAC Ambulanz-Service
T +49 89 76 76 76, adac.de/ambulanzonline
(Erkrankung, Unfall, Verletzung, Transportfragen, Todesfall)

ADAC Pannenhilfe Ausland
T +49 89 22 22 22
(Verbindungskosten je nach Netzbetreiber/Provider)

Online-Angebote des ADAC für Ihre Reiseplanung

Service	Webadresse
Reiseinspirationen, -planung und -hinweise	adac.de/reise-freizeit/reiseplanung
Aktuelle Verkehrslage	adac.de/verkehr
Individuelle Routenplanung	adac.de/maps
Infos zu Tankstellen und Spritpreisen	adac.de/tanken
Infos zu mautpflichtigen Strecken	adac.de/mautportal
Infos zu Fährverbindungen	adac.de/faehren
Aktuelle Infos vor Reiseantritt	adac.de/tourmail
Informationen für Camper	adac.de/camping
Informationen für Motorrad- und Oldtimerfahrer	adac.de/reise-freizeit/reisen-motorrad-oldtimer
Informationen für Segler und Skipper	skipper.adac.de
ADAC Reiseangebote	adacreisen.de
ADAC Autovermietung	adac.de/autovermietung
ADAC Versicherungen für den Urlaub	adac.de/versicherungen
Weltweite Preisvorteile für ADAC Mitglieder	adac.de/vorteile-international
Telemedizinische Beratung	adac.de/meinmedical

Auf den Geschmack gekommen? Dann gehen Sie doch auch in weiteren Regionen auf einen **inspirierenden Roadtrip**! Alle Bände gibt es im Buchhandel, bei den ADAC Geschäftsstellen sowie in unserem ADAC Online- Shop (adac.de/shop) und unter www.holiday-books.de.